지혜의 왕
솔로몬의 잠언

초판 1쇄 인쇄 2014년 1월 10일

엮은이	전하리
펴낸 이	박종태
펴낸 곳	비전북
책임편집	김지연
디자인	김은정
마케팅	강한덕, 임우섭
관리	뱅정애, 강지선, 김병수, 김기범
출판등록	2011년 2월 22일(제396-2011-000038호)
주소	경기도 고양시 일산서구 송산로 499-10(덕이동)
전화	(031)907-3927
팩스	(031)905-3927
이메일	visionbooks@hanmail.net
공급처	㈜비전북
전화	(031)907-3927

ISBN 979-11-950630-4-8 03230

*잘못된 책은 바꾸어 드립니다.
*책값은 뒤표지에 있습니다.

3분 묵상

성공하는 인생, 승리하는 삶을 위한 솔로몬의 메시지

지혜의 왕
솔로몬의 잠언

전하리 엮음

비전북

CONTENTS

엮은이의 글
사족이 필요 없는 최고의 지혜서, 잠언 10

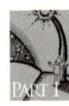

PART 1 지혜의 왕이 말한다
다윗의 아들 이스라엘 왕 솔로몬의 잠언이라 13

01 지혜란 여호와를 경외하는 것 | 02 지혜가 부른다
03 정금보다 지식을 얻으라 | 04 지혜 있는 자에게 교훈을 더하라
05 감추어진 보배를 찾듯이 지혜를 구하라 | 06 지혜는 진주보다 귀하다
07 지혜가 곧 영혼의 생명이다 | 08 지혜가 너를 보호하리라
09 지혜로운 자는 사람을 얻는다 | 10 지혜로운 아들이 아비를 즐겁게 한다
11 지혜는 머리가 아닌 마음에 담긴다 | 12 지혜가 있으면 소망이 끊어지지 않는다

PART 2 정직한 자가 지혜를 얻는다
정직한 자에게는 여호와의 교통하심이 있다 27

01 모든 선한 길을 깨달으라 | 02 정직한 자는 실족하지 않는다
03 정직한 자의 말은 사람을 구원한다 | 04 정직한 자에게 은혜가 임한다
05 정직한 자는 스스로 돌아본다

PART 3 미련한 자는 잃는 게 많다
미련한 자는 지혜와 훈계를 멸시하느니라 35

01 미련한 자는 지식을 미워한다 | 02 미련한 자는 스스로 멸망한다
03 미련한 자와 사귀면 해를 받는다 | 04 미련한 자는 죄에 둔감하다
05 미련한 자는 보여 줄 것이 없다 | 06 미련한 자는 미련한 것을 즐긴다
07 미련한 자는 성난 곰보다 위험하다 | 08 미련한 자는 눈을 땅 끝에 둔다
09 미련한 자의 말은 영혼의 그물이 된다 | 10 미련한 자의 생각은 죄뿐이다
11 미련한 자는 돌이킬 줄 모른다 | 12 미련한 자는 변하지 않는다

PART 4 게으른 자의 삶은 궁색하다
게으른 자여 개미에게 가서 배우라 49

01 빈궁은 강도처럼 들이닥친다 | 02 게으르면 부끄러운 아들이 된다
03 게으르면 원하는 것을 얻지 못한다 | 04 게으르면 배를 곯는다
05 게으른 자는 변명이 많다

PART 5 부와 가난은 항상 있다
가난한 자와 부한 자가 함께 살거니와
그 모두를 지으신 이는 여호와시니라 57

01 부자가 되고 싶으면 남을 윤택하게 하라 | 02 가난한 자의 뒤에는 하나님이 계시다
03 가난한 자를 불쌍히 여기는 것이 지혜다 | 04 이유 없는 가난은 없다
05 가난 앞에서 여호와를 생각하라 | 06 주린 자에게는 쓴 것이라도 달다
07 구제하는 자는 궁핍하게 살지 않는다 | 08 가난한 자를 돌볼 알아야 왕이다

PART 6 교만을 미워하라
여호와는 교만한 자의 집을 허무신다 67

01 교만은 미움을 부른다 | 02 교만은 다툼만 일으킨다
03 교만은 패망의 선봉이다

PART 7 세 치 혀 때문에 운명이 달라진다
사람은 입의 열매로 인하여 복록을 누린다 73

01 입술을 지켜라 | 02 입술을 제어하는 자가 지혜가 있다
03 의인과 악인은 말하는 것이 다르다 | 04 지혜로운 말은 양약과 같다
05 미련한 자는 입으로 매를 자청한다 | 06 진실한 증언은 생명을 구한다
07 온순한 혀는 사람을 살린다 | 08 미련한 자는 미련한 말만 한다
09 의로운 입술을 기뻐하라 | 10 악한 자는 사악한 입술에 귀 기울인다
11 총명한 자에게는 한마디로도 충분하다 | 12 지혜로운 자는 말을 아낀다
13 말하기 전에 충분히 들어라 | 14 죽고 사는 것이 혀의 힘에 달렸다
15 거짓 증언은 벌을 면하지 못한다 | 16 속이는 말은 죽음을 구한다
17 정직한 입술은 마음을 시원케 한다 | 18 말한 대로 거두리라
19 경우에 합당한 말을 하라 | 20 듣기 좋은 말과 들어야 할 말을 구분하라
21 말에 진심을 담아야 통한다 | 22 아첨이나 거짓말은 악행과 같다

PART 8 육신의 정욕을 다스리라
사람이 불을 품에 품고서야 어찌 그의 옷이 타지 아니하겠느냐 97

01 음행을 멀리 하라 | 02 음란은 생명을 사냥한다
03 마음을 함부로 아무 데나 주지 마라 | 04 음행의 화살이 간을 뚫게 되리라

CONTENTS

PART 9 재물의 노예가 되지 말라
재물은 진노하시는 날에는 무익하다 105

01 여호와를 공경하는 자가 재물을 얻는다 | 02 재물로써 죽음을 피할 수는 없다
03 재물은 근면의 대가이다 | 04 재물은 결국 의인에게 돌아간다
05 재물보다 더 중요한 것이 있다 | 06 재물은 목적이 아니라 보상이다
07 재물은 좇기에는 허무한 대상이다

PART 10 의인과 악인의 길은 서로 다르다
여호와는 악인을 멀리 하시고 의인의 기도를 들으시느니라 115

01 악인의 길은 어둠뿐이다 | 02 악인의 이름은 썩게 된다
03 악인에게는 그의 두려워하는 것이 임한다 | 04 악인의 소망은 끊어진다
05 악인의 긍휼은 잔인이다 | 06 의인은 환난에서 벗어난다
07 의인에게는 선한 보응이 따른다 | 08 의인은 굶주리지 않는다
09 의인은 죽음에도 소망이 있다 | 10 의인의 기도는 들은 바 된다
11 악인의 마음에는 은혜가 없다 | 12 악인은 가진 것도 악하다
13 악인의 형통함을 부러워하지 말라 | 14 악인이 받는 것은 미움뿐이다
15 악인은 쫓아오는 자가 없어도 도망한다 | 16 악인이 일어나면 사람이 숨는다
17 의인과 악인은 섞일 수 없다

PART 11 경외할 줄 알아야 산다
너는 범사에 그를 인정하라 그리하면 네 길을 지도하시리라 135

01 자기 행위의 열매를 먹고 배부르리라 | 02 여호와는 정의의 길을 보호하신다
03 사랑하시는 자를 징계하신다 | 04 여호와를 알면 누울 때 두렵지 않다
05 거룩하신 자를 알라 | 06 여호와의 도가 정직한 자에게는 산성이다
07 여호와께서 미워하시는 것을 분별하라 | 08 여호와의 눈은 어디서든지 감찰하신다
09 여호와는 악인을 멀리 하신다 | 10 공평한 저울은 여호와의 것이다
11 일의 결과는 여호와께 달렸다 | 12 여호와는 마음을 연단하신다
13 사람의 걸음은 여호와로 말미암는다 | 14 왕의 마음은 여호와의 손에 있다
15 은이나 금보다 은총을 택하라 | 16 소망이 끊어지지 않도록 여호와를 경외하라
17 항상 경외하는 자는 복되다 | 18 사람을 두려워하면 올무에 걸린다

PART 12 나에게서 배우라
솔로몬의 잠언과 비유와 지혜 있는 자의 말과
그 오묘한 말을 깨달으리라 155

01 의인의 수고는 생명에 이른다 | 02 충성된 사자는 주인의 마음을 시원하게 한다

CONTENTS

PART 13 내 아들아, 들어라
솔로몬 왕이 아들에게 주는 잠언 161

01 여호와를 경외할 줄 알아야 왕관을 얻는다 | 02 가만히 엎드리는 자들을 경계하라
03 지혜와 명철을 주시는 이가 누구인지 기억하라 | 04 근신이 너를 지키리라
05 젊은 시절의 짝을 버리지 말라 | 06 네 명철을 의지하지 말라
07 꾸지람을 싫어하지 말라 | 08 금이나 은 대신 지혜와 명철을 구하라
09 완전한 지혜가 네게 단잠을 주리라 | 10 두려워 할 자를 두려워하라
11 나도 내 아버지에게 아들이었다 | 12 지혜가 네게 면류관을 주리라
13 정직한 길로 행하라 | 14 무엇보다도 네 마음을 지키라
15 네가 젊어서 취한 아내를 즐거워하라 | 16 담보나 보증 서기를 조심하라
17 여호와께서 미워하시는 것은 피하라 | 18 이방 여인의 아름다움을 탐하지 말라
19 음녀의 유혹을 피하라 | 20 음녀의 길은 음부로 통한다

PART 14 내 아들아, 내가 무엇을 말하랴
르무엘 왕의 어머니가 아들에게 주는 잠언 185

01 현숙한 아내는 진주보다 값지다

PART 15 아굴의 기도
너는 하나님의 말씀에 더하지 말라 189

01 가난하게도 부하게도 마옵소서

엮은이의 말

사족이 필요 없는
최고의 지혜서,
잠언

　솔로몬은 이스라엘 역사상 가장 큰 부와 명예를 누렸던 왕이자 지혜의 왕으로도 유명한 인물입니다. 그가 쓴 것으로 알려진 잠언은 총 31장으로 구성되어 있는데, 한 줄로 요약하자면 "하나님을 경외하는 것이 지혜의 근본이다"가 될 것입니다.

　해가 뜨면 이내 사라지는 풀잎에 맺힌 이슬처럼, 인생이란 짧은 나그네 길과도 같습니다. 솔로몬은 그 길지 않은 나그네 인생을 지혜롭게 살기 위해서는 어떻게 살아야 하는가에 대해 들려주고 있습니다.

　지혜의 왕은 작은 개미를 통해서도 인생의 놀라운 통찰력을 보여 주고, 미련한 자와 게으른 자, 교만한 자와 겸손한 자를 대비시키면서 조목조목 삶의 지혜를 들려주기도 합니다.

솔로몬이 잠언을 통해 우리에게 말하고자 하는 바는 무엇일까요? 바로 '지혜'입니다. 지혜만이 우리를 영원한 생명의 길로 인도할 수 있다는 것을 말하고 있습니다. 솔로몬이 잠언은 예나 지금이나, 부자나 가난한 자나, 건강한 자나 병든 자나, 남녀노소 누구에게나 꼭 필요한 인생의 지혜입니다.

    이 책은 주제에 따라 잠언을 깊이 묵상할 수 있도록 분류하여 엮은 것입니다. 주옥같은 구절들이 현대를 살아가는 우리들에게 정확하고 명료한 참된 삶의 내비게이션이 되어 줄 것입니다.

엮은이 전 하 리

다윗의 아들 이스라엘 왕
솔로몬의 잠언이라

PART 1

지혜의 왕이 말한다

01

지혜란 여호와를 경외하는 것

잠언 1:2~6

이는 지혜와 훈계를 알게 하며 명철의 말씀을 깨닫게 하며 지혜롭게, 공의롭게, 정의롭게, 정직하게 행할 일에 대하여 훈계를 받게 하며 어리석은 자를 슬기롭게 하며 젊은 자에게 지식과 근신함을 주기 위한 것이니 지혜 있는 자는 듣고 학식이 더할 것이요 명철한 자는 지략을 얻을 것이라 잠언과 비유와 지혜 있는 자의 말과 그 오묘한 말을 깨달으리라

잠언 1:7~9

여호와를 경외하는 것이 지식의 근본이거늘 미련한 자는 지혜와 훈계를 멸시하느니라 내 아들아 네 아비의 훈계를 들으며 네 어미의 법을 떠나지 말라 이는 네 머리의 아름다운 관이요 네 목의 금 사슬이니라

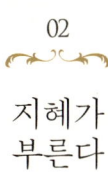

02
지혜가 부른다

잠언 8:1~5

지혜가 부르지 아니하느냐 명철이 소리를 높이지 아니하느냐 그가 길가의 높은 곳과 네거리에 서며 성문 곁과 문 어귀와 여러 출입하는 문에서 불러 이르되 사람들아 내가 너희를 부르며 내가 인자들에게 소리를 높이노라 어리석은 자들아 너희는 명철할지니라 미련한 자들아 너희는 마음이 밝을지니라

03

정금보다 지식을 얻으라

잠언 8:6~11

너희는 들을지어다 내가 가장 선한 것을 말하리라 내 입술을 열어 정직을 내리라 내 입은 진리를 말하며 내 입술은 악을 미워하느니라 내 입의 말은 다 의로운즉 그 가운데에 굽은 것과 패역한 것이 없나니 이는 다 총명 있는 자가 밝히 아는 바요 지식 얻은 자가 정직하게 여기는 바니라 너희가 은을 받지 말고 나의 훈계를 받으며 정금보다 지식을 얻으라 대저 지혜는 진주보다 나으므로 원하는 모든 것을 이에 비교할 수 없음이니라

잠언 8:12~21

나 지혜는 명철로 주소를 삼으며 지식과 근신을 찾아 얻나니 여호와를 경외하는 것은 악을 미워하는 것이라 나는 교만과 거만과 악한 행실과 패역한 입을 미워하느니라 내게는 계략과 참 지식이 있으며 나는 명철이라 내게 능력이 있으므로 나로 말미암아 왕들이 치리하며 방백들이 공의를 세우며 나로 말미암아 재상과 존귀한 자 곧 모든 의로운 재판관들이 다스리느니라 나를 사랑하는 자들이 나의 사랑을 입으며 나를 간절히 찾는 자가 나를 만날 것이니라 부귀가 내게 있고 장구한 재물과 공의도 그러하니라 내 열매는 금이나 정금보다 나으며 내 소득은 순은보다 나으니라 나는 정의로운 길로 행하며 공의로운 길 가운데로 다니나니 이는 나를 사랑하는 자가 재물을 얻어서 그 곳간에 채우게 하려 함이니라

04

지혜 있는 자에게
교훈을 더하라

잠언 8:1~5

지혜가 부르지 아니하느냐 명철이 소리를 높이지 아니하느냐 그가 길가의 높은 곳과 네거리에 서며 성문 곁과 문 어귀와 여러 출입하는 문에서 불러 이르되 사람들아 내가 너희를 부르며 내가 인자들에게 소리를 높이노라 어리석은 자들아 너희는 명철할지니라 미련한 자들아 너희는 마음이 밝을지니라

잠언 9:9~12

지혜 있는 자에게 교훈을 더하라 그가 더욱 지혜로워질 것이요 의로운 사람을 가르치라 그의 학식이 더하리라 여호와를 경외하는 것이 지혜의 근본이요 거룩하신 자를 아는 것이 명철이니라 나 지혜로 말미암아 네 날이 많아질 것이요 네 생명의 해가 네게 더하리라 네가 만일 지혜로우면 그 지혜가 네게 유익할 것이나 네가 만일 거만하면 너 홀로 해를 당하리라

05

감추어진 보배를 찾듯이 지혜를 구하라

잠언 2:2~9

네 귀를 지혜에 기울이며 네 마음을 명철에 두며 지식을 불러 구하며 명철을 얻으려고 소리를 높이며 은을 구하는 것 같이 그것을 구하며 감추어진 보배를 찾는 것 같이 그것을 찾으면 여호와 경외하기를 깨달으며 하나님을 알게 되리니 대저 여호와는 지혜를 주시며 지식과 명철을 그 입에서 내심이며 그는 정직한 자를 위하여 완전한 지혜를 예비하시며 행실이 온전한 자에게 방패가 되시나니 대저 그는 정의의 길을 보호하시며 그의 성도들의 길을 보전하려 하심이니라 그런즉 네가 공의와 정의와 정직 곧 모든 선한 길을 깨달을 것이라

잠언 2:10~12

곧 지혜가 네 마음에 들어가며 지식이 네 영혼을 즐겁게 할 것이요 근신이 너를 지키며 명철이 너를 보호하여 악한 자의 길과 패역을 말하는 자에게서 건져 내리라

잠언 2:20~22

지혜가 너를 선한 자의 길로 행하게 하며 또 의인의 길을 지키게 하리니 대저 정직한 자는 땅에 거하며 완전한 자는 땅에 남아 있으리라 그러나 악인은 땅에서 끊어지겠고 간사한 자는 땅에서 뽑히리라

06

지혜는
진주보다 귀하다

잠언 3:5~8

너는 마음을 다하여 여호와를 신뢰하고 네 명철을 의지하지 말라 너는 범사에 그를 인정하라 그리하면 네 길을 지도하시리라 스스로 지혜롭게 여기지 말지어다 여호와를 경외하며 악을 떠날지어다 이것이 네 몸에 양약이 되어 네 골수를 윤택하게 하리라

잠언 3:13~17

지혜를 얻은 자와 명철을 얻은 자는 복이 있나니 이는 지혜를 얻는 것이 은을 얻는 것보다 낫고 그 이익이 정금보다 나음이니라 지혜는 진주보다 귀하니 네가 사모하는 모든 것으로도 이에 비교할 수 없도다 그의 오른손에는 장수가 있고 그의 왼손에는 부귀가 있나니 그 길은 즐거운 길이요 그의 지름길은 다 평강이니라

07

지혜가 곧 영혼의 생명이다

잠언 3:18~20

지혜는 그 얻은 자에게 생명 나무라 지혜를 가진 자는 복되도다 여호와께서는 지혜로 땅에 터를 놓으셨으며 명철로 하늘을 견고히 세우셨고 그의 지식으로 깊은 바다를 갈라지게 하셨으며 공중에서 이슬이 내리게 하셨느니라

잠언 3:21~26

내 아들아 완전한 지혜와 근신을 지키고 이것들이 네 눈 앞에서 떠나지 말게 하라 그리하면 그것이 네 영혼의 생명이 되며 네 목에 장식이 되리니 네가 네 길을 평안히 행하겠고 네 발이 거치지 아니하겠으며 네가 누울 때에 두려워하지 아니하겠고 네가 누운즉 네 잠이 달리로다 너는 갑작스러운 두려움도 악인에게 닥치는 멸망도 두려워하지 말라 대저 여호와는 네가 의지할 이시니라 네 발을 지켜 걸리지 않게 하시리라

잠언 13:14~16

지혜 있는 자의 교훈은 생명의 샘이니 사망의 그물에서 벗어나게 하느니라 선한 지혜는 은혜를 베푸나 사악한 자의 길은 험하니라 무릇 슬기로운 자는 지식으로 행하거니와 미련한 자는 자기의 미련한 것을 나타내느니라

08

지혜가 너를 보호하리라

잠언 4:5~9

지혜를 얻으며 명철을 얻으라 내 입의 말을 잊지 말며 어기지 말라 지혜를 버리지 말라 그가 너를 보호하리라 그를 사랑하라 그가 너를 지키리라 지혜가 제일이니 지혜를 얻으라 네가 얻은 모든 것을 가지고 명철을 얻을지니라 그를 높이라 그리하면 그가 너를 높이 들리라 만일 그를 품으면 그가 너를 영화롭게 하리라 그가 아름다운 관을 네 머리에 두겠고 영화로운 면류관을 네게 주리라 하셨느니라

잠언 4:10~13

내 아들아 들으라 내 말을 받으라 그리하면 네 생명의 해가 길리라 내가 지혜로운 길을 네게 가르쳤으며 정직한 길로 너를 인도하였은즉 다닐 때에 네 걸음이 곤고하지 아니하겠고 달려갈 때에 실족하지 아니하리라 훈계를 굳게 잡아 놓치지 말고 지키라 이것이 네 생명이니라

09

지혜로운 자는
사람을 얻는다

잠언 7:1~5

내 아들아 내 말을 지키며 내 계명을 간직하라 내 계명을 지켜 살며 내 법을 네 눈동자처럼 지키라 이것을 네 손가락에 매며 이것을 네 마음판에 새기라 지혜에게 너는 내 누이라 하며 명철에게 너는 내 친족이라 하라 그리하면 이것이 너를 지켜서 음녀에게, 말로 호리는 이방 여인에게 빠지지 않게 하리라

잠언 9:10~11

여호와를 경외하는 것이 지혜의 근본이요 거룩하신 자를 아는 것이 명철이니라 나 지혜로 말미암아 네 날이 많아질 것이요 네 생명의 해가 네게 더하리라

잠언 11:30

의인의 열매는 생명 나무라 지혜로운 자는 사람을 얻느니라

10

지혜로운 아들이
아비를 즐겁게 한다

잠언 13:14~16

지혜 있는 자의 교훈은 생명의 샘이니 사망의 그물에서 벗어나게 하느니라 선한 지혜는 은혜를 베푸나 사악한 자의 길은 험하니라 무릇 슬기로운 자는 지식으로 행하거니와 미련한 자는 자기의 미련한 것을 나타내느니라

잠언 14:16

지혜로운 자는 두려워하여 악을 떠나나 어리석은 자는 방자하여 스스로 믿느니라

잠언 15:20~21

지혜로운 아들은 아비를 즐겁게 하여도 미련한 자는 어미를 업신여기느니라 무지한 자는 미련한 것을 즐겨 하여도 명철한 자는 그 길을 바르게 하느니라

11

지혜는 머리가 아닌
마음에 담긴다

잠언 16:16~17

지혜를 얻는 것이 금을 얻는 것보다 얼마나 나은고 명철을 얻는 것이 은을 얻는 것보다 더욱 나으니라 악을 떠나는 것은 정직한 사람의 대로이니 자기의 길을 지키는 자는 자기의 영혼을 보전하느니라

잠언 16:21~24

마음이 지혜로운 자는 명철하다 일컬음을 받고 입이 선한 자는 남의 학식을 더하게 하느니라 명철한 자에게는 그 명철이 생명의 샘이 되거니와 미련한 자에게는 그 미련한 것이 징계가 되느니라 지혜로운 자의 마음은 그의 입을 슬기롭게 하고 또 그의 입술에 지식을 더하느니라 선한 말은 꿀송이 같아서 마음에 달고 뼈에 양약이 되느니라

잠언 19:8

지혜를 얻는 자는 자기 영혼을 사랑하고 명철을 지키는 자는 복을 얻느니라

12

지혜가 있으면
소망이 끊어지지 않는다

잠언 20:15

세상에 금도 있고 진주도 많거니와 지혜로운 입술이 더욱 귀한 보배니라

잠언 21:20~23

지혜 있는 자의 집에는 귀한 보배와 기름이 있으나 미련한 자는 이것을 다 삼켜 버리느니라 공의와 인자를 따라 구하는 자는 생명과 공의와 영광을 얻느니라 지혜로운 자는 용사의 성에 올라가서 그 성이 의지하는 방벽을 허느니라 입과 혀를 지키는 자는 자기의 영혼을 환난에서 보전하느니라

잠언 24:14

지혜가 네 영혼에게 이와 같은 줄을 알라 이것을 얻으면 정녕히 네 장래가 있겠고 네 소망이 끊어지지 아니하리라

정직한 자에게는
여호와의 교통하심이 있다

PART 2

정직한 자가 지혜를 얻는다

01

모든 선한 길을
깨달으라

잠언 2:7~9

그는 정직한 자를 위하여 완전한 지혜를 예비하시며 행실이 온전한 자에게 방패가 되시나니 대저 그는 정의의 길을 호보시며 그의 성도들의 길을 보전하려 하심이니라 그런즉 네가 공의와 정의와 정직 곧 모든 선한 길을 깨달을 것이라

잠언 2:21~22

대저 정직한 자는 땅에 거하며 완전한 자는 땅에 남아 있으리라 그러나 악인은 땅에서 끊어지겠고 간사한 자는 땅에서 뽑히리라

잠언 3:32~33

대저 패역한 자는 여호와께서 미워하시나 정직한 자에게는 그의 교통하심이 있으며 악인의 집에는 여호와의 저주가 있거니와 의인의 집에는 복이 있느니라

02

정직한 자는
실족하지 않는다

잠언 4:11~12

내가 지혜로운 길을 네게 가르쳤으며 정직한 길로 너를 인도하였은즉 다닐 때에 네 걸음이 곤고하지 아니하겠고 달려갈 때에 실족하지 아니하리라

잠언 8:6~11

너희는 들을지어다 내가 가장 선한 것을 말하리라 내 입술을 열어 정직을 내리라 내 입은 진리를 말하며 내 입술은 악을 미워하느니라 내 입의 말은 다 의로운즉 그 가운데에 굽은 것과 패역한 것이 없나니 이는 다 총명 있는 자가 밝히 아는 바요 지식 얻은 자가 정직하게 여기는 바니라 너희가 은을 받지 말고 나의 훈계를 받으며 정금보다 지식을 얻으라 대저 지혜는 진주보다 나으므로 원하는 모든 것을 이에 비교할 수 없음이니라

03

정직한 자의 말은
사람을 구원한다

잠언 11:6

정직한 자의 공의는 자기를 건지려니와 사악한 자는 자기의 악에 잡히리라

잠언 12:5~6

의인의 생각은 정직하여도 악인의 도모는 속임이니라 악인의 말은 사람을 엿보아 피를 흘리자 하는 것이거니와 정직한 자의 입은 사람을 구원하느니라

잠언 14:2

정직하게 행하는 자는 여호와를 경외하여도 패역하게 행하는 자는 여호와를 경멸하느니라

04

정직한 자에게
은혜가 임한다

잠언 14:8~9

슬기로운 자의 지혜는 자기의 길을 아는 것이라도 미련한 자의 어리석음은 속이는 것이니라 미련한 자는 죄를 심상히 여겨도 정직한 자 중에는 은혜가 있느니라

잠언 15:8

악인의 제사는 여호와께서 미워하셔도 정직한 자의 기도는 그가 기뻐하시느니라

잠언 21:2

사람의 행위가 자기 보기에는 모두 정직하여도 여호와는 마음을 감찰하시느니라

05

정직한 자는
스스로 돌아본다

잠언 21:29~31

악인은 자기의 얼굴을 굳게 하나 정직한 자는 자기의 행위를 삼가느니라 지혜로도 못하고, 명철로도 못하고 모략으로도 여호와를 당하지 못하느니라 싸울 날을 위하여 마병을 예비하거니와 이김은 여호와께 있느니라

잠언 28:10

정직한 자를 악한 길로 유인하는 자는 스스로 자기 함정에 빠져도 성실한 자는 복을 받느니라

정직한 자에게는
여호와의 교통하심이 있다

미련한 자는
지혜와 훈계를 멸시하느니라

PART 3

미련한 자는
잃는 게 많다

01

미련한 자는 지식을
미워한다

잠언 1:7~9

여호와를 경외하는 것이 지식의 근본이거늘 미련한 자는 지혜와 훈계를 멸시하느니라 내 아들아 네 아비의 훈계를 들으며 네 어미의 법을 떠나지 말라 이는 네 머리의 아름다운 관이요 네 목의 금 사슬이니라

잠언 1:22~23

너희 어리석은 자들은 어리석음을 좋아하며 거만한 자들은 거만을 기뻐하며 미련한 자들은 지식을 미워하니 어느 때까지 하겠느냐 나의 책망을 듣고 돌이키라 보라 내가 나의 영을 너희에게 부어 주며 내 말을 너희에게 보이리라

02

미련한 자는 스스로 멸망한다

잠언 1:32~33

어리석은 자의 퇴보는 자기를 죽이며 미련한 자의 안일은 자기를 멸망시키려니와 오직 내 말을 듣는 자는 평안히 살며 재앙의 두려움이 없이 안전하리라

잠언 3:34~35

진실로 그는 거만한 자를 비웃으시며 겸손한 자에게 은혜를 베푸시나니 지혜로운 자는 영광을 기업으로 받거니와 미련한 자의 영달함은 수치가 되느니라

잠언 10:9~10

바른 길로 행하는 자는 걸음이 평안하려니와 굽은 길로 행하는 자는 드러나리라 눈짓하는 자는 근심을 끼치고 입이 미련한 자는 멸망하느니라

03

미련한 자와 사귀면
해를 받는다

잠언 12:14~16

사람은 입의 열매로 말미암아 복록에 족하며 그 손이 행하는 대로 자기가 받느니라 미련한 자는 자기 행위를 바른 줄로 여기나 지혜로운 자는 권고를 듣느니라 미련한 자는 당장 분노를 나타내거니와 슬기로운 자는 수욕을 참느니라

잠언 13:16

무릇 슬기로운 자는 지식으로 행하거니와 미련한 자는 자기의 미련한 것을 나타내느니라

잠언 13:19~20

소원을 성취하면 마음에 달아도 미련한 자는 악에서 떠나기를 싫어하느니라 지혜로운 자와 동행하면 지혜를 얻고 미련한 자와 사귀면 해를 받느니라

04

미련한 자는 죄에
둔감하다

잠언 14:7~9

너는 미련한 자의 앞을 떠나라 그 입술에 지식 있음을 보지 못함이니라 슬기로운 자의 지혜는 자기의 길을 아는 것이라도 미련한 자의 어리석음은 속이는 것이니라 미련한 자는 죄를 심상히 여겨도 정직한 자 중에는 은혜가 있느니라

잠언 14:15

어리석은 자는 온갖 말을 믿으나 슬기로운 자는 자기의 행동을 삼가느니라

잠언 14:17~18

노하기를 속히 하는 자는 어리석은 일을 행하고 악한 계교를 꾀하는 자는 미움을 받느니라 어리석은 자는 어리석음으로 기업을 삼아도 슬기로운 자는 지식으로 면류관을 삼느니라

05

미련한 자는 보여 줄 것이 없다

잠언 14:24~26

지혜로운 자의 재물은 그의 면류관이요 미련한 자의 소유는 다만 미련한 것이니라 진실한 증인은 사람의 생명을 구원하여도 거짓말을 뱉는 사람은 속이느니라 여호와를 경외하는 자에게는 견고한 의뢰가 있나니 그 자녀들에게 피난처가 있으리라

잠언 14:33

지혜는 명철한 자의 마음에 머물거니와 미련한 자의 속에 있는 것은 나타나느니라

잠언 15:2~3

지혜 있는 자의 혀는 지식을 선히 베풀고 미련한 자의 입은 미련한 것을 쏟느니라 여호와의 눈은 어디서든지 악인과 선인을 감찰하시느니라

06

미련한 자는 미련한 것을 즐긴다

잠언 15:5

아비의 훈계를 업신여기는 자는 미련한 자요 경계를 받는 자는 슬기를 얻을 자니라

잠언 15:7

지혜로운 자의 입술은 지식을 전파하여도 미련한 자의 마음은 정함이 없느니라

잠언 15:14~15

명철한 자의 마음은 지식을 요구하고 미련한 자의 입은 미련한 것을 즐기느니라 고난 받는 자는 그 날이 다 험악하나 마음이 즐거운 자는 항상 잔치하느니라

07

미련한 자는 성난 곰보다 위험하다

잠언 17:7

지나친 말을 하는 것도 미련한 자에게 합당하지 아니하거든 하물며 거짓말을 하는 것이 존귀한 자에게 합당하겠느냐

잠언 17:12

차라리 새끼 빼앗긴 암곰을 만날지언정 미련한 일을 행하는 미련한 자를 만나지 말 것이니라

08

미련한 자는 눈을
땅 끝에 둔다

잠언 17:24~25

지혜는 명철한 자 앞에 있거늘 미련한 자는 눈을 땅 끝에 두느니라 미련한 아들은 그 아비의 근심이 되고 그 어미의 고통이 되느니라

잠언 17:28

미련한 자라도 잠잠하면 지혜로운 자로 여겨지고 그의 입술을 닫으면 슬기로운 자로 여겨지느니라

09

미련한 자의 말은
영혼의 그물이 된다

잠언 18:2~4

미련한 자는 명철을 기뻐하지 아니하고 자기의 의사를 드러내기만 기뻐하느니라 악한 자가 이를 때에는 멸시도 따라오고 부끄러운 것이 이를 때에는 능욕도 함께 오느니라 명철한 사람의 입의 말은 깊은 물과 같고 지혜의 샘은 솟구쳐 흐르는 내와 같으니라

잠언 18:6~7

미련한 자의 입술은 다툼을 일으키고 그의 입은 매를 자청하느니라 미련한 자의 입은 그의 멸망이 되고 그의 입술은 그의 영혼의 그물이 되느니라

잠언 19:10

미련한 자가 사치하는 것이 적당하지 못하거든 하물며 종이 방백을 다스림이랴

10

미련한 자의 생각은
죄뿐이다

잠언 20:3

다툼을 멀리 하는 것이 사람에게 영광이거늘 미련한 자마다 다툼을 일으키느니라

잠언 22:3

슬기로운 자는 재앙을 보면 숨어 피하여도 어리석은 자는 나가다가 해를 받느니라

잠언 23:9

미련한 자의 귀에 말하지 말지니 이는 그가 네 지혜로운 말을 업신여길 것임이니라

잠언 24:9

미련한 자의 생각은 죄요 거만한 자는 사람에게 미움을 받느니라

11

미련한 자는 돌이킬 줄 모른다

잠언 26:1

미련한 자에게는 영예가 적당하지 아니하니 마치 여름에 눈 오는 것과 추수 때에 비 오는 것 같으니라

잠언 26:11~12

개가 그 토한 것을 도로 먹는 것 같이 미련한 자는 그 미련한 것을 거듭 행하느니라 네가 스스로 지혜롭게 여기는 자를 보느냐 그보다 미련한 자에게 오히려 희망이 있느니라

잠언 27:3~5

돌은 무겁고 모래도 가볍지 아니하거니와 미련한 자의 분노는 이 둘보다 무거우니라 분은 잔인하고 노는 창수 같거니와 투기 앞에야 누가 서리요 면책은 숨은 사랑보다 나으니라

12
미련한 자는 변하지 않는다

잠언 27:21~22

도가니로 은을, 풀무로 금을, 칭찬으로 사람을 단련하느니라 미련한 자를 곡물과 함께 절구에 넣고 공이로 찧을지라도 그의 미련은 벗겨지지 아니하느니라

잠언 28:26

자기의 마음을 믿는 자는 미련한 자요 지혜롭게 행하는 자는 구원을 얻을 자니라

잠언 29:20

네가 말이 조급한 사람을 보느냐 그보다 미련한 자에게 오히려 희망이 있느니라

게으른 자여
개미에게 가서 배우라

Part 4

게으른 자의 삶은 궁색하다

01

빈궁은 강도처럼
들이닥친다

잠언 6:6~8

게으른 자여 개미에게 가서 그가 하는 것을 보고 지혜를 얻으라 개미는 두령도 없고 감독자도 없고 통치자도 없으되 먹을 것을 여름 동안에 예비하며 추수 때에 양식을 모으느니라

잠언 6:9~11

게으른 자여 네가 어느 때까지 누워 있겠느냐 네가 어느 때에 잠이 깨어 일어나겠느냐 좀더 자자, 좀더 졸자, 손을 모으고 좀더 누워 있자 하면 네 빈궁이 강도 같이 오며 네 곤핍이 군사 같이 이르리라

02

게으르면
부끄러운 아들이 된다

잠언 10:4~5

손을 게으르게 놀리는 자는 가난하게 되고 손이 부지런한 자는 부하게 되느니라 여름에 거두는 자는 지혜로운 아들이나 추수 때에 자는 자는 부끄러움을 끼치는 아들이니라

잠언 10:26

게으른 자는 그 부리는 사람에게 마치 이에 식초 같고 눈에 연기 같으니라

잠언 12:24

부지런한 자의 손은 사람을 다스리게 되어도 게으른 자는 부림을 받느니라

03

게으르면 원하는 것을
얻지 못한다

잠언 12:27

게으른 자는 그 잡을 것도 사냥하지 아니하나니 사람의 부귀는 부지런한 것이니라

잠언 13:4

게으른 자는 마음으로 원하여도 얻지 못하나 부지런한 자의 마음은 풍족함을 얻느니라

잠언 15:19

게으른 자의 길은 가시 울타리 같으나 정직한 자의 길은 대로니라

04

게으르면 배를
곯는다

잠언 18:9

자기의 일을 게을리하는 자는 패가하는 자의 형제니라

잠언 19:15

게으름이 사람으로 깊이 잠들게 하나니 태만한 사람은 주릴 것이니라

잠언 19:24

게으른 자는 자기의 손을 그릇에 넣고서도 입으로 올리기를 괴로워하느니라

05

게으른 자는
변명이 많다

잠언 20:13

너는 잠자기를 좋아하지 말라 네가 빈궁하게 될까 두려우니라 네 눈을 뜨라 그리하면 양식이 족하리라

잠언 21:25

게으른 자의 욕망이 자기를 죽이나니 이는 자기의 손으로 일하기를 싫어함이니라

잠언 22:13

게으른 자는 말하기를 사자가 밖에 있은즉 내가 나가면 거리에서 찢기겠다 하느니라

게으른 자여 개미에게 가서 배우라

가난한 자와 부한 자가 함께 살거니와
그 모두를 지으신 이는 여호와시니라

PART 5

부와 가난은
항상 있다

01

부자가 되고 싶으면
남을 윤택하게 하라

잠언 11:24~25

흩어 구제하여도 더욱 부하게 되는 일이 있나니 과도히 아껴도 가난하게 될 뿐이니라 구제를 좋아하는 자는 풍족하여질 것이요 남을 윤택하게 하는 자는 자기도 윤택하여지리라

잠언 14:20~21

가난한 자는 이웃에게도 미움을 받게 되나 부요한 자는 친구가 많으니라 이웃을 업신여기는 자는 죄를 범하는 자요 빈곤한 자를 불쌍히 여기는 자는 복이 있는 자니라

02

가난한 자의 뒤에는
하나님이 계시다

잠언 14:31

가난한 사람을 학대하는 자는 그를 지으신 이를 멸시하는 자요 궁핍한 사람을 불쌍히 여기는 자는 주를 공경하는 자니라

잠언 15:16~17

가산이 적어도 여호와를 경외하는 것이 크게 부하고 번뇌하는 것보다 나으니라 채소를 먹으며 서로 사랑하는 것이 살진 소를 먹으며 서로 미워하는 것보다 나으니라

잠언 17:5

가난한 자를 조롱하는 자는 그를 지으신 주를 멸시하는 자요 사람의 재앙을 기뻐하는 자는 형벌을 면하지 못할 자니라

03

가난한 자를
불쌍히 여기는 것이 지혜다

잠언 19:1

가난하여도 성실하게 행하는 자는 입술이 패역하고 미련한 자보다 나으니라

잠언 19:6~7

너그러운 사람에게는 은혜를 구하는 자가 많고 선물 주기를 좋아하는 자에게는 사람마다 친구가 되느니라 가난한 자는 그의 형제들에게도 미움을 받거든 하물며 친구야 그를 멀리 하지 아니하겠느냐 따라가며 말하려 할지라도 그들이 없어졌으리라

잠언 19:17

가난한 자를 불쌍히 여기는 것은 여호와께 꾸어 드리는 것이니 그의 선행을 그에게 갚아 주시리라

04

이유 없는 가난은
없다

잠언 21:5

부지런한 자의 경영은 풍부함에 이를 것이나 조급한 자는 궁핍함에 이를 따름이니라

잠언 21:13

귀를 막고 가난한 자가 부르짖는 소리를 듣지 아니하면 자기가 부르짖을 때에도 들을 자가 없으리라

잠언 21:17

연락을 좋아하는 자는 가난하게 되고 술과 기름을 좋아하는 자는 부하게 되지 못하느니라

05

가난 앞에서
여호와를 생각하라

잠언 22:1~2

많은 재물보다 명예를 택할 것이요 은이나 금보다 은총을 더욱 택할 것이니라 가난한 자와 부한 자가 함께 살거니와 그 모두를 지으신 이는 여호와시니라

잠언 22:7

부자는 가난한 자를 주관하고 빚진 자는 채주의 종이 되느니라

잠언 22:16

이익을 얻으려고 가난한 자를 학대하는 자와 부자에게 주는 자는 가난하여질 뿐이니라

주린 자에게는
쓴 것이라도 달다

잠언 27:7

배부른 자는 꿀이라도 싫어하고 주린 자에게는 쓴 것이라도 다니라

잠언 28:3

가난한 자를 학대하는 가난한 자는 곡식을 남기지 아니하는 폭우 같으니라

잠언 28:6

가난하여도 성실하게 행하는 자는 부유하면서 굽게 행하는 자보다 나으니라

07

구제하는 자는
궁핍하게 살지 않는다

잠언 28:11

부자는 자기를 지혜롭게 여기나 가난해도 명철한 자는 자기를 살펴 아느니라

잠언 28:27

가난한 자를 구제하는 자는 궁핍하지 아니하려니와 못 본 체하는 자에게는 저주가 크리라

08

가난한 자를 돌볼 줄 알아야 왕이다

잠언 29:7

의인은 가난한 자의 사정을 알아 주나 악인은 알아 줄 지식이 없느니라

잠언 29:13~14

가난한 자와 포학한 자가 섞여 살거니와 여호와께서는 그 모두의 눈에 빛을 주시느니라 왕이 가난한 자를 성실히 신원하면 그의 왕위가 영원히 견고하리라

여호와는
교만한 자의 집을 허무신다

PART 6

교만을
미워하라

01

교만은 미움을
부른다

잠언 8:13

여호와를 경외하는 것은 악을 미워하는 것이라 나는 교만과 거만과 악한 행실과 패역한 입을 미워하느니라

잠언 9:7~8

거만한 자를 징계하는 자는 도리어 능욕을 받고 악인을 책망하는 자는 도리어 흠이 잡히느니라 거만한 자를 책망하지 말라 그가 너를 미워할까 두려우니라 지혜 있는 자를 책망하라 그가 너를 사랑하리라

02

교만은 다툼만
일으킨다

잠언 13:10

교만에서는 다툼만 일어날 뿐이라 권면을 듣는 자는 지혜가 있느니라

잠언 15:25

여호와는 교만한 자의 집을 허시며 과부의 지계를 정하시느니라

잠언 16:5

무릇 마음이 교만한 자를 여호와께서 미워하시나니 피차 손을 잡을지라도 벌을 면하지 못하리라

03

교만은 패망의
선봉이다

잠언 16:18-19

교만은 패망의 선봉이요 거만한 마음은 넘어짐의 앞잡이니라 겸손한 자와 함께 하여 마음을 낮추는 것이 교만한 자와 함께 하여 탈취물을 나누는 것보다 나으니라

잠언 29:23

사람이 교만하면 낮아지게 되겠고 마음이 겸손하면 영예를 얻으리라

여호와는 교만한 자의 집을 허무신다

사람은 입의 열매로 인하여
복록을 누린다

PART 7

세 치 혀 때문에
운명이 달라진다

01

입술을 지켜라

잠언 4:23~24

모든 지킬 만한 것 중에 더욱 네 마음을 지키라 생명의 근원이 이에서 남이니라 구부러진 말을 네 입에서 버리며 비뚤어진 말을 네 입술에서 멀리 하라

잠언 5:2

근신을 지키며 네 입술로 지식을 지키도록 하라

02

입술을 제어하는 자가 지혜가 있다

잠언 10:13~14

명철한 자의 입술에는 지혜가 있어도 지혜 없는 자의 등을 위하여는 채찍이 있느니라 지혜로운 자는 지식을 간직하거니와 미련한 자의 입은 멸망에 가까우니라

잠언 10:19~21

말이 많으면 허물을 면하기 어려우나 그 입술을 제어하는 자는 지혜가 있느니라 의인의 혀는 순은과 같거니와 악인의 마음은 가치가 적으니라 의인의 입술은 여러 사람을 교육하나 미련한 자는 지식이 없어 죽느니라

03

의인과 악인은
말하는 것이 다르다

잠언 11:9

악인은 입으로 그의 이웃을 망하게 하여도 의인은 그의 지식으로 말미암아 구원을 얻느니라

잠언 11:13

두루 다니며 한담하는 자는 남의 비밀을 누설하나 마음이 신실한 자는 그런 것을 숨기느니라

잠언 12:6~7

악인의 말은 사람을 엿보아 피를 흘리자 하는 것이거니와 정직한 자의 입은 사람을 구원하느니라 악인은 엎드러져서 소멸되려니와 의인의 집은 서 있으리라

04
지혜로운 말은 양약과 같다

잠언 12:13~14

악인은 입술의 허물로 말미암아 그물에 걸려도 의인은 환난에서 벗어나느니라 사람은 입의 열매로 말미암아 복록에 족하며 그 손이 행하는 대로 자기가 받느니라

잠언 12:18~19

칼로 찌름 같이 함부로 말하는 자가 있거니와 지혜로운 자의 혀는 양약과 같으니라 진실한 입술은 영원히 보존되거니와 거짓 혀는 잠시 동안만 있을 뿐이니라

잠언 12:22

거짓 입술은 여호와께 미움을 받아도 진실하게 행하는 자는 그의 기뻐하심을 받느니라

05

미련한 자는 입으로
매를 자청한다

잠언 13:2~3

사람은 입의 열매로 인하여 복록을 누리거니와 마음이 궤사한 자는 강포를 당하느니라 입을 지키는 자는 자기의 생명을 보전하나 입술을 크게 벌리는 자에게는 멸망이 오느니라

잠언 13:5

의인은 거짓말을 미워하나 악인은 행위가 흉악하여 부끄러운 데에 이르느니라

잠언 14:3

미련한 자는 교만하여 입으로 매를 자청하고 지혜로운 자의 입술은 자기를 보전하느니라

06

진실한 증언은
생명을 구한다

잠언 14:5

신실한 증인은 거짓말을 아니하여도 거짓 증인은 거짓말을 뱉느니라

잠언 14:25

진실한 증인은 사람의 생명을 구원하여도 거짓말을 뱉는 사람은 속이느니라

07

온순한 혀는
사람을 살린다

잠언 15:1~2

유순한 대답은 분노를 쉬게 하여도 과격한 말은 노를 격동하느니라 지혜 있는 자의 혀는 지식을 선히 베풀고 미련한 자의 입은 미련한 것을 쏟느니라

잠언 15:4~5

온순한 혀는 곧 생명 나무이지만 패역한 혀는 마음을 상하게 하느니라 아비의 훈계를 업신여기는 자는 미련한 자요 경계를 받는 자는 슬기를 얻을 자니라

08

미련한 자는
미련한 말만 한다

잠언 15:7~9

지혜로운 자의 입술은 지식을 전파하여도 미련한 자의 마음은 정함이 없느니라 악인의 제사는 여호와께서 미워하셔도 정직한 자의 기도는 그가 기뻐하시느니라 악인의 길은 여호와께서 미워하셔도 공의를 따라가는 자는 그가 사랑하시느니라

잠언 15:14

명철한 자의 마음은 지식을 요구하고 미련한 자의 입은 미련한 것을 즐기느니라

09

의로운 입술을
기뻐하라

잠언 15:23~24

사람은 그 입의 대답으로 말미암아 기쁨을 얻나니 때에 맞는 말이 얼마나 아름다운고 지혜로운 자는 위로 향한 생명 길로 말미암음으로 그 아래에 있는 스올을 떠나게 되느니라

잠언 16:13

의로운 입술은 왕들이 기뻐하는 것이요 정직하게 말하는 자는 그들의 사랑을 입느니라

잠언 16:23~24

지혜로운 자의 마음은 그의 입을 슬기롭게 하고 또 그의 입술에 지식을 더하느니라 선한 말은 꿀송이 같아서 마음에 달고 뼈에 양약이 되느니라

10

악한 자는
사악한 입술에 귀 기울인다

잠언 16:27~28

불량한 자는 악을 꾀하나니 그 입술에는 맹렬한 불 같은 것이 있느니라 패역한 자는 다툼을 일으키고 말쟁이는 친한 벗을 이간하느니라

잠언 17:4~5

악을 행하는 자는 사악한 입술이 하는 말을 잘 듣고 거짓말을 하는 자는 악한 혀가 하는 말에 귀를 기울이느니라 가난한 자를 조롱하는 자는 그를 지으신 주를 멸시하는 자요 사람의 재앙을 기뻐하는 자는 형벌을 면하지 못할 자니라

11

총명한 자에게는
한마디로도 충분하다

잠언 17:7

지나친 말을 하는 것도 미련한 자에게 합당하지 아니하거든 하물며 거짓말을 하는 것이 존귀한 자에게 합당하겠느냐

잠언 17:9~10

허물을 덮어 주는 자는 사랑을 구하는 자요 그것을 거듭 말하는 자는 친한 벗을 이간하는 자니라 한 마디 말로 총명한 자에게 충고하는 것이 매 백 대로 미련한 자를 때리는 것보다 더욱 깊이 박히느니라

12

지혜로운 자는
말을 아낀다

잠언 17:14

다투는 시작은 둑에서 물이 새는 것 같은즉 싸움이 일어나기 전에 시비를 그칠 것이니라

잠언 17:20

마음이 굽은 자는 복을 얻지 못하고 혀가 패역한 자는 재앙에 빠지느니라

잠언 17:27~28

말을 아끼는 자는 지식이 있고 성품이 냉철한 자는 명철하니라 미련한 자라도 잠잠하면 지혜로운 자로 여겨지고 그의 입술을 닫으면 슬기로운 자로 여겨지느니라

13

말하기 전에
충분히 들어라

잠언 18:4~5

명철한 사람의 입의 말은 깊은 물과 같고 지혜의 샘은 솟구쳐 흐르는 내와 같으니라 악인을 두둔하는 것과 재판할 때에 의인을 억울하게 하는 것이 선하지 아니하니라

잠언 18:6~8

미련한 자의 입술은 다툼을 일으키고 그의 입은 매를 자청하느니라 미련한 자의 입은 그의 멸망이 되고 그의 입술은 그의 영혼의 그물이 되느니라 남의 말하기를 좋아하는 자의 말은 별식과 같아서 뱃속 깊은 데로 내려가느니라

잠언 18:13

사연을 듣기 전에 대답하는 자는 미련하여 욕을 당하느니라

14

죽고 사는 것이
혀의 힘에 달렸다

잠언 18:19~21

노엽게 한 형제와 화목하기가 견고한 성을 취하기보다 어려운즉 이러한 다툼은 산성 문빗장 같으니라 사람은 입에서 나오는 열매로 말미암아 배부르게 되나니 곧 그의 입술에서 나는 것으로 말미암아 만족하게 되느니라 죽고 사는 것이 혀의 힘에 달렸나니 혀를 쓰기 좋아하는 자는 혀의 열매를 먹으리라

잠언 19:1

가난하여도 성실하게 행하는 자는 입술이 패역하고 미련한 자보다 나으니라

15

거짓 증언은
벌을 면하지 못한다

잠언 19:5

거짓 증인은 벌을 면하지 못할 것이요 거짓말을 하는 자도 피하지 못하리라

잠언 19:9

거짓 증인은 벌을 면하지 못할 것이요 거짓말을 뱉는 자는 망할 것이니라

잠언 19:28

망령된 증인은 정의를 업신여기고 악인의 입은 죄악을 삼키느니라

16
속이는 말은
죽음을 구한다

잠언 20:15

세상에 금도 있고 진주도 많거니와 지혜로운 입술이 더욱 귀한 보배니라

잠언 20:19

두루 다니며 한담하는 자는 남의 비밀을 누설하나니 입술을 벌린 자를 사귀지 말지니라

잠언 21:6

속이는 말로 재물을 모으는 것은 죽음을 구하는 것이라 곧 불려다니는 안개니라

17

정직한 입술은
마음을 시원케 한다

잠언 21:23

입과 혀를 지키는 자는 자기의 영혼을 환난에서 보전하느니라

잠언 21:28

거짓 증인은 패망하려니와 확실히 들은 사람의 말은 힘이 있느니라

잠언 23:15~16

내 아들아 만일 네 마음이 지혜로우면 나 곧 내 마음이 즐겁겠고 만일 네 입술이 정직을 말하면 내 속이 유쾌하리라

18

말한 대로
거두리라

잠언 24:12

네가 말하기를 나는 그것을 알지 못하였노라 할지라도 마음을 저울질하시는 이가 어찌 통찰하지 못하시겠으며 네 영혼을 지키시는 이가 어찌 알지 못하시겠느냐 그가 각 사람의 행위대로 보응하시리라

잠언 24:25~26

오직 그를 견책하는 자는 기쁨을 얻을 것이요 또 좋은 복을 받으리라 적당한 말로 대답함은 입맞춤과 같으니라

19

경우에 합당한
말을 하라

잠언 24:28

너는 까닭 없이 네 이웃을 쳐서 증인이 되지 말며 네 입술로 속이지 말지니라

잠언 25:9~12

너는 이웃과 다투거든 변론만 하고 남의 은밀한 일은 누설하지 말라 듣는 자가 너를 꾸짖을 터이요 또 네게 대한 악평이 네게서 떠나지 아니할까 두려우니라 경우에 합당한 말은 아로새긴 은 쟁반에 금 사과니라 슬기로운 자의 책망은 청종하는 귀에 금 고리와 정금 장식이니라

잠언 25:23

북풍이 비를 일으킴 같이 참소하는 혀는 사람의 얼굴에 분을 일으키느니라

20

듣기 좋은 말과
들어야 할 말을 구분하라

잠언 27:2

타인이 너를 칭찬하게 하고 네 입으로는 하지 말며 외인이 너를 칭찬하게 하고 네 입술로는 하지 말지니라

잠언 27:6

친구의 아픈 책망은 충직으로 말미암는 것이나 원수의 잦은 입맞춤은 거짓에서 난 것이니라

잠언 27:9

기름과 향이 사람의 마음을 즐겁게 하나니 친구의 충성된 권고가 이와 같이 아름다우니라

21

말에 진심을 담아야 통한다

잠언 27:14

이른 아침에 큰 소리로 자기 이웃을 축복하면 도리어 저주 같이 여기게 되리라

잠언 28:23

사람을 경책하는 자는 혀로 아첨하는 자보다 나중에 더욱 사랑을 받느니라

22
아첨이나 거짓말은
악행과 같다

잠언 29:5

이웃에게 아첨하는 것은 그의 발 앞에 그물을 치는 것이니라

잠언 29:12

관원이 거짓말을 들으면 그의 하인들은 다 악하게 되느니라

사람이 불을 품에 품고서야
어찌 그의 옷이 타지 아니하겠느냐

PART 8

육신의 정욕을 다스리라

01

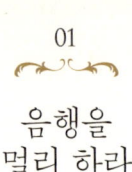

음행을
멀리 하라

잠언 5:1~21

내 아들아 내 지혜에 주의하며 내 명철에 네 귀를 기울여서 근신을 지키며 네 입술로 지식을 지키도록 하라 대저 음녀의 입술은 꿀을 떨어뜨리며 그의 입은 기름보다 미끄러우나 나중은 쑥 같이 쓰고 두 날 가진 칼 같이 날카로우며 그의 발은 사지로 내려가며 그의 걸음은 스올로 나아가나니 그는 생명의 평탄한 길을 찾지 못하며 자기 길이 든든하지 못하여도 그것을 깨닫지 못하느니라 그런즉 아들들아 나에게 들으며 내 입의 말을 버리지 말고 네 길을 그에게서 멀리 하라 그의 집 문에도 가까이 가지 말라 두렵건대 네 존영이 남에게 잃어버리게 되며 네 수한이 잔인한 자에게 빼앗기게 될까 하노라 두렵건대 타인이 네 재물로 충족하게 되며 네 수고한 것이 외인의 집에 있게 될까 하노라 두렵건대 마지막에 이르러 네 몸, 네 육체가 쇠약할 때에 네가 한탄하여 말하기를 내가 어찌하여 훈계를 싫어하며 내 마음이 꾸지람을 가벼이 여기고 내 선생의 목소리를 청종하지 아니하며 나를 가르치는 이에게 귀를 기울이지 아니하였던고 많은 무리들이 모인 중에서 큰 악에 빠지게 되었노라 하게 될까 염려하노라 너는 네 우물에서 물을 마시며 네 샘에서 흐르는 물을 마시라 어찌하여 네 샘물을 집 밖으로 넘치게 하며 네 도랑물을 거리로 흘러가게 하겠느냐 그 물이 네게만 있게 하고 타인과 더불어 그것을 나누지 말라 네 샘으로 복되게 하라 네가 젊어서 취한 아내를 즐거워하라 그는 사랑스러운 암사슴 같고 아름다운 암노루 같으니 너는 그의 품을 항상 족하게 여기며 그의 사랑을 항상 연모하라 내 아들아 어찌하여 음녀를 연모하겠으며 어찌하여 이방 계집의 가슴을 안겠느냐 대저 사람의 길은 여호와의 눈 앞에 있나니 그가 그 사람의 모든 길을 평탄하게 하시느니라

02

음란은
생명을 사냥한다

잠언 6:23~35

대저 명령은 등불이요 법은 빛이요 훈계의 책망은 곧 생명의 길이라 이것이 너를 지켜 악한 여인에게, 이방 여인의 혀로 호리는 말에 빠지지 않게 하리라 네 마음에 그의 아름다움을 탐하지 말며 그 눈꺼풀에 홀리지 말라 음녀로 말미암아 사람이 한 조각 떡만 남게 됨이며 음란한 여인은 귀한 생명을 사냥함이니라 사람이 불을 품에 품고서야 어찌 그의 옷이 타지 아니하겠으며 사람이 숯불을 밟고서야 어찌 그의 발이 데지 아니하겠느냐 남의 아내와 통간하는 자도 이와 같을 것이라 그를 만지는 자마다 벌을 면하지 못하리라 도둑이 만일 주릴 때에 배를 채우려고 도둑질하면 사람이 그를 멸시하지는 아니하려니와 들키면 칠 배를 갚아야 하리니 심지어 자기 집에 있는 것을 다 내주게 되리라 여인과 간음하는 자는 무지한 자라 이것을 행하는 자는 자기의 영혼을 망하게 하며 상함과 능욕을 받고 부끄러움을 씻을 수 없게 되나니 남편이 투기로 분노하여 원수 갚는 날에 용서하지 아니하고 어떤 보상도 받지 아니하며 많은 선물을 줄지라도 듣지 아니하리라

03

마음을 함부로
아무 데나 주지 마라

잠언 23:26~35

내 아들아 네 마음을 내게 주며 네 눈으로 내 길을 즐거워할지어다 대저 음녀는 깊은 구덩이요 이방 여인은 좁은 함정이라 참으로 그는 강도 같이 매복하며 사람들 중에 사악한 자가 많아지게 하느니라 재앙이 뉘게 있느뇨 근심이 뉘게 있느뇨 분쟁이 뉘게 있느뇨 원망이 뉘게 있느뇨 까닭 없는 상처가 뉘게 있느뇨 붉은 눈이 뉘게 있느뇨 술에 잠긴 자에게 있고 혼합한 술을 구하러 다니는 자에게 있느니라 포도주는 붉고 잔에서 번쩍이며 순하게 내려가나니 너는 그것을 보지도 말지어다 그것이 마침내 뱀 같이 물 것이요 독사 같이 쏠 것이며 또 네 눈에는 괴이한 것이 보일 것이요 네 마음은 구부러진 말을 할 것이며 너는 바다 가운데에 누운 자 같을 것이요 돛대 위에 누운 자 같을 것이며 네가 스스로 말하기를 사람이 나를 때려도 나는 아프지 아니하고 나를 상하게 하여도 내게 감각이 없도다 내가 언제나 깰까 다시 술을 찾겠다 하리라

part 8 육신의 정욕을 다스리라

03

음행의 화살이
간을 뚫게 되리라

잠언 7:1~27

　내 아들아 내 말을 지키며 내 계명을 간직하라 내 계명을 지켜 살며 내 법을 네 눈동자처럼 지키라 이것을 네 손가락에 매며 이것을 네 마음판에 새기라 지혜에게 너는 내 누이라 하며 명철에게 너는 내 친족이라 하라 그리하면 이것이 너를 지켜서 음녀에게, 말로 호리는 이방 여인에게 빠지지 않게 하리라 내가 내 집 들창으로, 살창으로 내다 보다가 어리석은 자 중에, 젊은이 가운데에 한 지혜 없는 자를 보았노라 그가 거리를 지나 음녀의 골목 모퉁이로 가까이 하여 그의 집쪽으로 가는데 저물 때, 황혼 때, 깊은 밤 흑암 중에라 그 때에 기생의 옷을 입은 간교한 여인이 그를 맞으니 이 여인은 떠들며 완악하며 그의 발이 집에 머물지 아니하여 어떤 때에는 거리, 어떤 때에는 광장 또 모퉁이마다 서서 사람을 기다리는 자라 그 여인이 그를 붙잡고 그에게 입맞추며 부끄러움을 모르는 얼굴로 그에게 말하되 내가 화목제를 드려 서원한 것을 오늘 갚았노라 이러므로 내가 너를 맞으려고 나와 네 얼굴을 찾다가 너를 만났도다 내 침상에는 요와 애굽의 무늬 있는 이불을 폈고 몰약과 침향과 계피를 뿌렸노라 오라 우리가 아침까지 흡족하게 서로 사랑하며 사랑함으로 희락하자 남편은 집을 떠나 먼 길을 갔는데 은 주머니를 가졌은즉 보름 날에나 집에 돌아오리라 하여 여러 가지 고운 말로 유혹하며 입술의 호리는 말로 꾀므로 젊은이가 곧 그를 따랐으니 소가 도수장으로 가는 것 같고 미련한 자가 벌을 받으려고 쇠사슬에 매이러 가는 것과 같도다 필경은 화살이 그 간을 뚫게 되리라 새가 빨리 그물로 들어가되 그의 생명을 잃어버릴 줄을 알지 못함과 같으니라 이제 아들들아 내 말을 듣고 내 입의 말에 주의하라 네 마음이 음녀의 길로 치우치지 말며 그 길에 미혹되지 말지어다 대저 그가 많은 사람을 상하여 엎드러지게 하였나니 그에게 죽은 자가 허다하니라 그의 집은 스올의 길이라 사망의 방으로 내려가느니라

재물은
진노하시는 날에는 무익하다

PART 9

재물의 노예가
되지 말라

01

여호와를 공경하는 자가
재물을 얻는다

잠언 3:9~10

네 재물과 네 소산물의 처음 익은 열매로 여호와를 공경하라 그리하면 네 창고가 가득히 차고 네 포도즙 틀에 새 포도즙이 넘치리라

잠언 8:17~21

나를 사랑하는 자들이 나의 사랑을 입으며 나를 간절히 찾는 자가 나를 만날 것이니라 부귀가 내게 있고 장구한 재물과 공의도 그러하니라 내 열매는 금이나 정금보다 나으며 내 소득은 순은보다 나으니라 나는 정의로운 길로 행하며 공의로운 길 가운데로 다니나니 이는 나를 사랑하는 자가 재물을 얻어서 그 곳간에 채우게 하려 함이니라

02

재물로써 죽음을
피할 수는 없다

잠언 10:2~3

 불의의 재물은 무익하여도 공의는 죽음에서 건지느니라 여호와께서 의인의 영혼은 주리지 않게 하시나 악인의 소욕은 물리치시느니라

잠언 10:15

 부자의 재물은 그의 견고한 성이요 가난한 자의 궁핍은 그의 멸망이니라

잠언 11:4

 재물은 진노하시는 날에 무익하나 공의는 죽음에서 건지느니라

03

재물은 근면의
대가이다

잠언 11:16

유덕한 여자는 존영을 얻고 근면한 남자는 재물을 얻느니라

잠언 11:28

자기의 재물을 의지하는 자는 패망하려니와 의인은 푸른 잎사귀 같아서 번성하리라

잠언 13:8

사람의 재물이 자기 생명의 속전일 수 있으나 가난한 자는 협박을 받을 일이 없느니라

04
재물은 결국 의인에게 돌아간다

잠언 13:11

망령되이 얻은 재물은 줄어가고 손으로 모은 것은 늘어가느니라

잠언 13:22

선인은 그 산업을 자자 손손에게 끼쳐도 죄인의 재물은 의인을 위하여 쌓이느니라

잠언 14:24

지혜로운 자의 재물은 그의 면류관이요 미련한 자의 소유는 다만 미련한 것이니라

05
재물보다 더 중요한 것이 있다

잠언 19:4

재물은 많은 친구를 더하게 하나 가난한즉 친구가 끊어지느니라

잠언 19:14

집과 재물은 조상에게서 상속하거니와 슬기로운 아내는 여호와께로서 말미암느니라

잠언 21:6

속이는 말로 재물을 모으는 것은 죽음을 구하는 것이라 곧 불려다니는 안개니라

06

재물은 목적이 아니라
보상이다

잠언 22:1

많은 재물보다 명예를 택할 것이요 은이나 금보다 은총을 더욱 택할 것이니라

잠언 22:4

겸손과 여호와를 경외함의 보상은 재물과 영광과 생명이니라

07

재물은 좇기에는
허무한 대상이다

잠언 23:5

네가 어찌 허무한 것에 주목하겠느냐 정녕히 재물은 스스로 날개를 내어 하늘을 나는 독수리처럼 날아가리라

잠언 28:22

악한 눈이 있는 자는 재물을 얻기에만 급하고 빈궁이 자기에게로 임할 줄은 알지 못하느니라

잠언 29:3

지혜를 사모하는 자는 아비를 즐겁게 하여도 창기와 사귀는 자는 재물을 잃느니라

재물은 진노하시는 날에는 무익하다

여호와는 악인을 멀리 하시고
의인의 기도를 들으시느니라

PART 10

의인과 악인의 길은
서로 다르다

01

악인의 길은
어둠뿐이다

잠언 3:33

악인의 집에는 여호와의 저주가 있거니와 의인의 집에는 복이 있느니라

잠언 4:18~19

의인의 길은 돋는 햇살 같아서 크게 빛나 한낮의 광명에 이르거니와 악인의 길은 어둠 같아서 그가 걸려 넘어져도 그것이 무엇인지 깨닫지 못하느니라

잠언 5:22~23

악인은 자기의 악에 걸리며 그 죄의 줄에 매이나니 그는 훈계를 받지 아니함으로 말미암아 죽겠고 심히 미련함으로 말미암아 혼미하게 되느니라

악인의 이름은
썩게 된다

잠언 10:3

여호와께서 의인의 영혼은 주리지 않게 하시나 악인의 소욕은 물리치시느니라

잠언 10:6~7

의인의 머리에는 복이 임하나 악인의 입은 독을 머금었느니라 의인을 기념할 때에는 칭찬하거니와 악인의 이름은 썩게 되느니라

잠언 10:16

의인의 수고는 생명에 이르고 악인의 소득은 죄에 이르느니라

03

악인에게는
그의 두려워하는 것이 임한다

잠언 10:20~21

의인의 혀는 순은과 같거니와 악인의 마음은 가치가 적으니라 의인의 입술은 여러 사람을 교육하나 미련한 자는 지식이 없어 죽느니라

잠언 10:24~25

악인에게는 그의 두려워하는 것이 임하거니와 의인은 그 원하는 것이 이루어지느니라 회오리바람이 지나가면 악인은 없어져도 의인은 영원한 기초 같으니라

04
악인의 소망은 끊어진다

잠언 10:27~28

여호와를 경외하면 장수하느니라 그러나 악인의 수명은 짧아지느니라 의인의 소망은 즐거움을 이루어도 악인의 소망은 끊어지느니라

잠언 11:18

악인의 삯은 허무하되 공의를 뿌린 자의 상은 확실하니라

잠언 11:21

악인은 피차 손을 잡을지라도 벌을 면하지 못할 것이나 의인의 자손은 구원을 얻으리라

잠언 11:23

의인의 소원은 오직 선하나 악인의 소망은 진노를 이루느니라

05

악인의 긍휼은
잔인이다

잠언 11:30~31

의인의 열매는 생명 나무라 지혜로운 자는 사람을 얻느니라 보라 의인이라도 이 세상에서 보응을 받겠거든 하물며 악인과 죄인이리요

잠언 12:3

사람이 악으로서 굳게 서지 못하거니와 의인의 뿌리는 움직이지 아니하느니라

잠언 12:10

의인은 자기의 가축의 생명을 돌보나 악인의 긍휼은 잔인이니라

06
의인은 환난에서 벗어난다

잠언 12:12~13

악인은 불의의 이익을 탐하나 의인은 그 뿌리로 말미암아 결실하느니라 악인은 입술의 허물로 말미암아 그물에 걸려도 의인은 환난에서 벗어나느니라

잠언 12:21

의인에게는 어떤 재앙도 임하지 아니하려니와 악인에게는 앙화가 가득하리라

잠언 12:26

의인은 그 이웃의 인도자가 되나 악인의 소행은 자신을 미혹하느니라

07

의인에게는 선한 보응이
따른다

잠언 13:5~6

의인은 거짓말을 미워하나 악인은 행위가 흉악하여 부끄러운 데에 이르느니라 공의는 행실이 정직한 자를 보호하고 악은 죄인을 패망하게 하느니라

잠언 13:9

의인의 빛은 환하게 빛나고 악인의 등불은 꺼지느니라

잠언 13:21

재앙은 죄인을 따르고 선한 보응은 의인에게 이르느니라

의인은 굶주리지 않는다

잠언 13:25

의인은 포식하여도 악인의 배는 주리느니라

잠언 14:19

악인은 선인 앞에 엎드리고 불의한 자는 의인의 문에 엎드리느니라

잠언 14:22

악을 도모하는 자는 잘못 가는 것이 아니냐 선을 도모하는 자에게는 인자와 진리가 있으리라

09

의인은 죽음에도
소망이 있다

잠언 14:32

악인은 그의 환난에 엎드러져도 의인은 그의 죽음에도 소망이 있느니라

잠언 15:6

의인의 집에는 많은 보물이 있어도 악인의 소득은 고통이 되느니라

잠언 15:8~9

악인의 제사는 여호와께서 미워하셔도 정직한 자의 기도는 그가 기뻐하시느니라 악인의 길은 여호와께서 미워하셔도 공의를 따라가는 자는 그가 사랑하시느니라

10

의인의 기도는
들은 바 된다

잠언 15:28~29

의인의 마음은 대답할 말을 깊이 생각하여도 악인의 입은 악을 쏟느니라 여호와는 악인을 멀리 하시고 의인의 기도를 들으시느니라

잠언 17:15

악인을 의롭다 하고 의인을 악하다 하는 이 두 사람은 다 여호와께 미움을 받느니라

잠언 20:26

지혜로운 왕은 악인들을 키질하며 타작하는 바퀴를 그들 위에 굴리느니라

11

악인의 마음에는
은혜가 없다

잠언 21:7

악인의 강포는 자기를 소멸하나니 이는 정의를 행하기 싫어함이니라

잠언 21:10

악인의 마음은 남의 재앙을 원하나니 그 이웃도 그 앞에서 은혜를 입지 못하느니라

잠언 21:12

의로우신 자는 악인의 집을 감찰하시고 악인을 환난에 던지시느니라

12

악인은 가진 것도 악하다

잠언 21:18

악인은 의인의 속전이 되고 사악한 자는 정직한 자의 대신이 되느니라

잠언 21:27

악인의 제물은 본래 가증하거든 하물며 악한 뜻으로 드리는 것이랴

잠언 21:29

악인은 자기의 얼굴을 굳게 하나 정직한 자는 자기의 행위를 삼가느니라

13

악인의 형통함을 부러워하지 말라

잠언 23:24

의인의 아비는 크게 즐거울 것이요 지혜로운 자식을 낳은 자는 그로 말미암아 즐거울 것이니라

잠언 24:1~2

너는 악인의 형통함을 부러워하지 말며 그와 함께 있으려고 하지도 말지어다 그들의 마음은 강포를 품고 그들의 입술은 재앙을 말함이니라

14

악인이 받는 것은
미움뿐이다

잠언 24:15~16

악한 자여 의인의 집을 엿보지 말며 그가 쉬는 처소를 헐지 말지니라
대저 의인은 일곱 번 넘어질지라도 다시 일어나려니와 악인은 재앙으로 말미암아 엎드러지느니라

잠언 24:24~25

악인에게 네가 옳다 하는 자는 백성에게 저주를 받을 것이요 국민에게 미움을 받으려니와
오직 그를 견책하는 자는 기쁨을 얻을 것이요 또 좋은 복을 받으리라

15

악인은 쫓아오는 자가 없어도 도망한다

잠언 25:26

의인이 악인 앞에 굴복하는 것은 우물이 흐려짐과 샘이 더러워짐과 같으니라

잠언 28:1

악인은 쫓아오는 자가 없어도 도망하나 의인은 사자 같이 담대하니라

잠언 28:4~5

율법을 버린 자는 악인을 칭찬하나 율법을 지키는 자는 악인을 대적하느니라 악인은 정의를 깨닫지 못하나 여호와를 찾는 자는 모든 것을 깨닫느니라

16

악인이 일어나면
사람이 숨는다

잠언 28:12

의인이 득의하면 큰 영화가 있고 악인이 일어나면 사람이 숨느니라

잠언 29:2

의인이 많아지면 백성이 즐거워하고 악인이 권세를 잡으면 백성이 탄식하느니라

잠언 29:6~7

악인이 범죄하는 것은 스스로 올무가 되게 하는 것이나 의인은 노래하고 기뻐하느니라 의인은 가난한 자의 사정을 알아 주나 악인은 알아 줄 지식이 없느니라

17

의인과 악인은
섞일 수 없다

잠언 29:16

악인이 많아지면 죄도 많아지나니 의인은 그들의 망함을 보리라

잠언 29:27

불의한 자는 의인에게 미움을 받고 바르게 행하는 자는 악인에게 미움을 받느니라

여호와는 악인을 멀리 하시고
의인의 기도를 들으시느니라

너는 범사에 그를 인정하라
그리하면 네 길을 지도하시리라

PART 11

경외할 줄
알아야 산다

01

자기 행위의 열매를 먹고 배부르리라

잠언 1:23~33

 나의 책망을 듣고 돌이키라 보라 내가 나의 영을 너희에게 부어 주며 내 말을 너희에게 보이리라 내가 불렀으나 너희가 듣기 싫어하였고 내가 손을 폈으나 돌아보는 자가 없었고 도리어 나의 모든 교훈을 멸시하며 나의 책망을 받지 아니하였은즉 너희가 재앙을 만날 때에 내가 웃을 것이며 너희에게 두려움이 임할 때에 내가 비웃으리라 너희의 두려움이 광풍 같이 임하겠고 너희의 재앙이 폭풍 같이 이르겠고 너희에게 근심과 슬픔이 임하리니 그 때에 너희가 나를 부르리라 그래도 내가 대답하지 아니하겠고 부지런히 나를 찾으리라 그래도 나를 만나지 못하리니 대저 너희가 지식을 미워하며 여호와 경외하기를 즐거워하지 아니하며 나의 교훈을 받지 아니하고 나의 모든 책망을 업신여겼음이니라 그러므로 자기 행위의 열매를 먹으며 자기 꾀에 배부르리라 어리석은 자의 퇴보는 자기를 죽이며 미련한 자의 안일은 자기를 멸망시키려니와 오직 내 말을 듣는 자는 평안히 살며 재앙의 두려움이 없이 안전하리라

02

여호와는 정의의 길을
보호하신다

잠언 2:6-8

대저 여호와는 지혜를 주시며 지식과 명철을 그 입에서 내심이며 그는 정직한 자를 위하여 완전한 지혜를 예비하시며 행실이 온전한 자에게 방패가 되시나니 대저 그는 정의의 길을 보호하시며 그의 성도들의 길을 보전하려 하심이니라

사랑하시는 자를
징계하신다

잠언 3:5~12

너는 마음을 다하여 여호와를 신뢰하고 네 명철을 의지하지 말라 너는 범사에 그를 인정하라 그리하면 네 길을 지도하시리라 스스로 지혜롭게 여기지 말지어다 여호와를 경외하며 악을 떠날지어다 이것이 네 몸에 양약이 되어 네 골수를 윤택하게 하리라 네 재물과 네 소산물의 처음 익은 열매로 여호와를 공경하라 그리하면 네 창고가 가득히 차고 네 포도즙 틀에 새 포도즙이 넘치리라 내 아들아 여호와의 징계를 경히 여기지 말라 그 꾸지람을 싫어하지 말라 대저 여호와께서 그 사랑하시는 자를 징계하시기를 마치 아비가 그 기뻐하는 아들을 징계함 같이 하시느니라

04

여호와를 알면 누울 때 두렵지 않다

잠언 3:19~26

여호와께서는 지혜로 땅에 터를 놓으셨으며 명철로 하늘을 견고히 세우셨고 그의 지식으로 깊은 바다를 갈라지게 하셨으며 공중에서 이슬이 내리게 하셨느니라 내 아들아 완전한 지혜와 근신을 지키고 이것들이 네 눈 앞에서 떠나지 말게 하라 그리하면 그것이 네 영혼의 생명이 되며 네 목에 장식이 되리니 네가 네 길을 평안히 행하겠고 네 발이 거치지 아니하겠으며 네가 누울 때에 두려워하지 아니하겠고 네가 누운즉 네 잠이 달리로다 너는 갑작스러운 두려움도 악인에게 닥치는 멸망도 두려워하지 말라 대저 여호와는 네가 의지할 이시니라 네 발을 지켜 걸리지 않게 하시리라

05

거룩하신 자를
알라

잠언 9:10

여호와를 경외하는 것이 지혜의 근본이요 거룩하신 자를 아는 것이 명철이니라

잠언 10:3

여호와께서 의인의 영혼은 주리지 않게 하시나 악인의 소욕은 물리치시느니라

06

여호와의 도가
정직한 자에게는 산성이다

잠언 10:22

여호와께서 주시는 복은 사람을 부하게 하고 근심을 겸하여 주지 아니하시느니라

잠언 10:27~29

여호와를 경외하면 장수하느니라 그러나 악인의 수명은 짧아지느니라 의인의 소망은 즐거움을 이루어도 악인의 소망은 끊어지느니라 여호와의 도가 정직한 자에게는 산성이요 행악하는 자에게는 멸망이니라

07

여호와께서 미워하시는 것을 분별하라

잠언 11:1~2

속이는 저울은 여호와께서 미워하시나 공평한 추는 그가 기뻐하시느니라 교만이 오면 욕도 오거니와 겸손한 자에게는 지혜가 있느니라

잠언 12:1~2

훈계를 좋아하는 자는 지식을 좋아하거니와 징계를 싫어하는 자는 짐승과 같으니라 선인은 여호와께 은총을 받으려니와 악을 꾀하는 자는 정죄하심을 받으리라

08

여호와의 눈은
어디서든지 감찰하신다

잠언 14:26~27

여호와를 경외하는 자에게는 견고한 의뢰가 있나니 그 자녀들에게 피난처가 있으리라 여호와를 경외하는 것은 생명의 샘이니 사망의 그물에서 벗어나게 하느니라

잠언 15:3~5

여호와의 눈은 어디서든지 악인과 선인을 감찰하시느니라 온순한 혀는 곧 생명 나무이시만 패역한 혀는 마음을 상하게 하느니라 아비의 훈계를 업신여기는 자는 미련한 자요 경계를 받는 자는 슬기를 얻을 자니라

09
여호와는 악인을 멀리 하신다

잠언 15:25~26

여호와는 교만한 자의 집을 허시며 과부의 지계를 정하시느니라 악한 꾀는 여호와께서 미워하시나 선한 말은 정결하니라

잠언 15:29

여호와는 악인을 멀리 하시고 의인의 기도를 들으시느니라

잠언 15:33

여호와를 경외하는 것은 지혜의 훈계라 겸손은 존귀의 길잡이니라

10

공평한 저울은
여호와의 것이다

잠언 16:1~11

마음의 경영은 사람에게 있어도 말의 응답은 여호와께로부터 나오느니라 사람의 행위가 자기 보기에는 모두 깨끗하여도 여호와는 심령을 감찰하시느니라 너의 행사를 여호와께 맡기라 그리하면 네가 경영하는 것이 이루어지리라 여호와께서 온갖 것을 그 쓰임에 적당하게 지으셨나니 악인도 악한 날에 적당하게 하셨느니라 무릇 마음이 교만한 자를 여호와께서 미워하시나니 피차 손을 잡을지라도 벌을 면하지 못하리라 인자와 진리로 인하여 죄악이 속하게 되고 여호와를 경외함으로 말미암아 악에서 떠나게 되느니라 사람의 행위가 여호와를 기쁘시게 하면 그 사람의 원수라도 그와 더불어 화목하게 하시느니라 적은 소득이 공의를 겸하면 많은 소득이 불의를 겸한 것보다 나으니라 사람이 마음으로 자기의 길을 계획할지라도 그의 걸음을 인도하시는 이는 여호와시니라 하나님의 말씀이 왕의 입술에 있은즉 재판할 때에 그의 입이 그르치지 아니하리라 공평한 저울과 접시 저울은 여호와의 것이요 주머니 속의 저울추도 다 그가 지으신 것이니라

11

일의 결과는
여호와께 달렸다

잠언 16:20

삼가 말씀에 주의하는 자는 좋은 것을 얻나니 여호와를 의지하는 자는 복이 있느니라

잠언 16:33

제비는 사람이 뽑으나 모든 일을 작정하기는 여호와께 있느니라

12

여호와는 마음을
연단하신다

잠언 17:3

도가니는 은을, 풀무는 금을 연단하거니와 여호와는 마음을 연단하시느니라

잠언 18:10

여호와의 이름은 견고한 망대라 의인은 그리로 달려가서 안전함을 얻느니라

잠언 19:21

사람의 마음에는 많은 계획이 있어도 오직 여호와의 뜻만이 완전히 서리라

13

사람의 걸음은
여호와로 말미암는다

잠언 19:23

여호와를 경외하는 것은 사람으로 생명에 이르게 하는 것이라 경외하는 자는 족하게 지내고 재앙을 당하지 아니하느니라

잠언 20:23~24

한결같지 않은 저울 추는 여호와께서 미워하시는 것이요 속이는 저울은 좋지 못한 것이니라 사람의 걸음은 여호와로 말미암나니 사람이 어찌 자기의 길을 알 수 있으랴

14

왕의 마음은
여호와의 손에 있다

잠언 21:1~3

왕의 마음이 여호와의 손에 있음이 마치 봇물과 같아서 그가 임의로 인도하시느니라 사람의 행위가 자기 보기에는 모두 정직하여도 여호와는 마음을 감찰하시느니라 공의와 정의를 행하는 것은 제사 드리는 것보다 여호와께서 기쁘게 여기시느니라

잠언 21:30~31

지혜로도 못하고, 명철로도 못하고 모략으로도 여호와를 당하지 못하느니라 싸울 날을 위하여 마병을 예비하거니와 이김은 여호와께 있느니라

15

은이나 금보다
은총을 택하라

잠언 22:1~4

많은 재물보다 명예를 택할 것이요 은이나 금보다 은총을 더욱 택할 것이니라 가난한 자와 부한 자가 함께 살거니와 그 모두를 지으신 이는 여호와시니라 슬기로운 자는 재앙을 보면 숨어 피하여도 어리석은 자는 나가다가 해를 받느니라 겸손과 여호와를 경외함의 보상은 재물과 영광과 생명이니라

16
소망이 끊어지지 않도록 여호와를 경외하라

잠언 23:10~11

옛 지계석을 옮기지 말며 고아들의 밭을 침범하지 말지어다 대저 그들의 구속자는 강하시니 그가 너를 대적하여 그들의 원한을 풀어 주시리라

잠언 23:17~18

네 마음으로 죄인의 형통을 부러워하지 말고 항상 여호와를 경외하라 정녕히 네 장래가 있겠고 네 소망이 끊어지지 아니하리라

17

항상 경외하는 자는 복되다

잠언 24:21~22

내 아들아 여호와와 왕을 경외하고 반역자와 더불어 사귀지 말라 대저 그들의 재앙은 속히 임하리니 그 둘의 멸망을 누가 알랴

잠언 28:14

항상 경외하는 자는 복되거니와 마음을 완악하게 하는 자는 재앙에 빠지리라

18

사람을 두려워하면
올무에 걸린다

잠언 29:13

가난한 자와 포학한 자가 섞여 살거니와 여호와께서는 그 모두의 눈에 빛을 주시느니라

잠언 29:25~26

사람을 두려워하면 올무에 걸리게 되거니와 여호와를 의지하는 자는 안전하리라 주권자에게 은혜를 구하는 자가 많으나 사람의 일의 작정은 여호와께로 말미암느니라

솔로몬의 잠언과 비유와 지혜 있는 자의 말과
그 오묘한 말을 깨달으리라

PART 12

나에게서
배우라

01

의인의 수고는 생명에 이른다

잠언 10:1~32

솔로몬의 잠언이라 지혜로운 아들은 아비를 기쁘게 하거니와 미련한 아들은 어미의 근심이니라 불의의 재물은 무익하여도 공의는 죽음에서 건지느니라 여호와께서 의인의 영혼은 주리지 않게 하시나 악인의 소욕은 물리치시느니라 손을 게으르게 놀리는 자는 가난하게 되고 손이 부지런한 자는 부하게 되느니라 여름에 거두는 자는 지혜로운 아들이나 추수 때에 자는 자는 부끄러움을 끼치는 아들이니라 의인의 머리에는 복이 임하나 악인의 입은 독을 머금었느니라 의인을 기념할 때에는 칭찬하거니와 악인의 이름은 썩게 되느니라 마음이 지혜로운 자는 계명을 받거니와 입이 미련한 자는 멸망하리라 바른 길로 행하는 자는 걸음이 평안하려니와 굽은 길로 행하는 자는 드러나리라 눈짓하는 자는 근심을 끼치고 입이 미련한 자는 멸망하느니라 의인의 입은 생명의 샘이라도 악인의 입은 독을 머금었느니라 미움은 다툼을 일으켜도 사랑은 모든 허물을 가리느니라 명철한 자의 입술에는 지혜가 있어도 지혜 없는 자의 등을 위하여는 채찍이 있느니라 지혜로운 자는 지식을 간직하거니와 미련한 자의 입은 멸망에 가까우니라 부자의 재물은 그의 견고한 성이요 가난한 자의 궁핍은 그의 멸망이니라 의인의 수고는 생명에 이르고 악인의 소득은 죄에 이르느니라 훈계를 지키는 자는 생명 길로 행하여도 징계를 버리는 자는 그릇 가느니라 미움을 감추는 자는 거짓된 입술을 가진 자요 중상하는 자는 미련한 자이니라 말이 많으면 허물을 면하기 어려우나 그 입술을 제어하는 자는 지혜가 있느니라 의인의 혀는 순은과 같거니와 악인의 마음은 가치가 적으니라 의인의 입술은 여러 사람을 교육하나 미련한 자는 지식이 없어 죽느니라 여호와께서 주시는 복은 사람을 부하게 하고 근심을 겸하여 주지 아니하시느니라 미련한 자는 행악으로 낙을 삼는 것 같이 명철한 자는 지혜로 낙을 삼느니라 악인에게는 그의 두려워하는 것이 임하거니와 의인은 그 원하는 것이 이루어지느니라 회오리바람이 지나가면 악인은 없어져도 의인은 영원한 기초 같으니라 게으른 자는 그 부리는 사람에게 마치 이에 식초 같고 눈에 연기 같으니라 여호와를 경외하면 장수하느니라 그러나 악인의 수명은 짧아지느니라 의인의 소망은 즐거움을 이루어도 악인의 소망은 끊어지느니라 여호와의 도가 정직한 자에게는 산성이요 행악하는 자에게는 멸망이니라 의인은 영영히 이동되지 아니하여도 악인은 땅에 거하지 못하게 되느니라 의인의 입은 지혜를 내어도 패역한 혀는 베임을 당할 것이니라 의인의 입술은 기쁘게 할 것을 알거늘 악인의 입은 패역을 말하느니라

02

충성된 사자는 주인의 마음을 시원하게 한다

잠언 25:1~28

이것도 솔로몬의 잠언이요 유다 왕 히스기야의 신하들이 편집한 것이니라 일을 숨기는 것은 하나님의 영화요 일을 살피는 것은 왕의 영화니라 하늘의 높음과 땅의 깊음 같이 왕의 마음은 헤아릴 수 없느니라 은에서 찌꺼기를 제하라 그리하면 장색의 쓸 만한 그릇이 나올 것이요 왕 앞에서 악한 자를 제하라 그리하면 그의 왕위가 의로 말미암아 견고히 서리라 왕 앞에서 스스로 높은 체하지 말며 대인들의 자리에 서지 말라 이는 사람이 네게 이리로 올라오라고 말하는 것이 네 눈에 보이는 귀인 앞에서 저리로 내려가라고 말하는 것보다 나음이니라 너는 서둘러 나가서 다투지 말라 마침내 네가 이웃에게 욕을 보게 될 때에 네가 어찌할 줄을 알지 못할까 두려우니라 너는 이웃과 다투거든 변론만 하고 남의 은밀한 일은 누설하지 말라 듣는 자가 너를 꾸짖을 터이요 또 네게 대한 악평이 네게서 떠나지 아니할까 두려우니라 경우에 합당한 말은 아로새긴 은 쟁반에 금 사과니라 슬기로운 자의 책망은 청종하는 귀에 금 고리와 정금 장식이니라 충성된 사자는 그를 보낸 이에게 마치 추수하는 날에 얼음 냉수 같아서 능히 그 주인의 마음을 시원하게 하느니라 선물한다고 거짓 자랑하는 자는 비 없는 구름과 바람 같으니라 오래 참으면 관원도 설득할 수 있나니 부드러운 혀는 뼈를 꺾느니라 너는 꿀을 보거든 족하리만큼 먹으라 과식함으로 토할까 두려우니라 너는 이웃집에 자주 다니지 말라 그가 너를 싫어하며 미워할까 두려우니라 자기의 이웃을 쳐서 거짓 증거하는 사람은 방망이요 칼이요 뾰족한 화살이니라 환난 날에 진실하지 못한 자를 의뢰하는 것은 부러진 이와 위골된 발 같으니라 마음이 상한 자에게 노래하는 것은 추운 날에 옷을 벗음 같고 소다 위에 식초를 부음 같으니라 네 원수가 배고파하거든 음식을 먹이고 목말라하거든 물을 마시게 하라 그리 하는 것은 핀 숯을 그의 머리에 놓는 것과 일반이요 여호와께서 네게 갚아 주시리라 북풍이 비를 일으킴 같이 참소하는 혀는 사람의 얼굴에 분을 일으키느니라 다투는 여인과 함께 큰 집에서 사는 것보나 움막에서 혼자 사는 것이 나으니라

먼 땅에서 오는 좋은 기별은 목마른 사람에게 냉수와 같으니라 의인이 악인 앞에 굴복하는 것은 우물이 흐려짐과 샘이 더러워짐과 같으니라 꿀을 많이 먹는 것이 좋지 못하고 자기의 영예를 구하는 것이 헛되니라 자기의 마음을 제어하지 아니하는 자는 성읍이 무너지고 성벽이 없는 것과 같으니라

솔로몬 왕이
아들에게 주는 잠언

PART 13

내 아들아, 들어라

01

여호와를 경외할 줄 알아야 왕관을 얻는다

잠언 1:7~9

여호와를 경외하는 것이 지식의 근본이거늘 미련한 자는 지혜와 훈계를 멸시하느니라 내 아들아 네 아비의 훈계를 들으며 네 어미의 법을 떠나지 말라 이는 네 머리의 아름다운 관이요 네 목의 금 사슬이니라

02

가만히 엎드리는 자들을 경계하라

잠언 1:10~19

내 아들아 악한 자가 너를 꾈지라도 따르지 말라 그들이 네게 말하기를 우리와 함께 가자 우리가 가만히 엎드렸다가 사람의 피를 흘리자 죄 없는 자를 까닭 없이 숨어 기다리다가 스올 같이 그들을 산 채로 삼키며 무덤에 내려가는 자들 같이 통으로 삼키자 우리가 온갖 보화를 얻으며 빼앗은 것으로 우리 집을 채우리니 너는 우리와 함께 제비를 뽑고 우리가 함께 전대 하나만 두자 할지라도 내 아들아 그들과 함께 길에 다니지 말라 네 발을 금하여 그 길을 밟지 말라 대저 그 발은 악으로 달려가며 피를 흘리는 데 빠름이니라 새가 보는 데서 그물을 치면 헛일이겠거늘 그들이 가만히 엎드림은 자기의 피를 흘릴 뿐이요 숨어 기다림은 자기의 생명을 해할 뿐이니 이익을 탐하는 모든 자의 길은 다 이러하여 자기의 생명을 잃게 하느니라

03

지혜와 명철을 주시는 이가
누구인지 기억하라

잠언 2:1~8

내 아들아 네가 만일 나의 말을 받으며 나의 계명을 네게 간직하며 네 귀를 지혜에 기울이며 네 마음을 명철에 두며 지식을 불러 구하며 명철을 얻으려고 소리를 높이며 은을 구하는 것 같이 그것을 구하며 감추어진 보배를 찾는 것 같이 그것을 찾으면 여호와 경외하기를 깨달으며 하나님을 알게 되리니 대저 여호와는 지혜를 주시며 지식과 명철을 그 입에서 내심이며 그는 정직한 자를 위하여 완전한 지혜를 예비하시며 행실이 온전한 자에게 방패가 되시나니 대저 그는 정의의 길을 보호하시며 그의 성도들의 길을 보전하려 하심이니라

04

근신이
너를 지키리라

잠언 2:9~15

그런즉 네가 공의와 정의와 정직 곧 모든 선한 길을 깨달을 것이라 곧 지혜가 네 마음에 들어가며 지식이 네 영혼을 즐겁게 할 것이요 근신이 너를 지키며 명철이 너를 보호하여 악한 자의 길과 패역을 말하는 자에게서 건져 내리라 이 무리는 정직한 길을 떠나 어두운 길로 행하며 행악하기를 기뻐하며 악인의 패역을 즐거워하나니 그 길은 구부러지고 그 행위는 패역하니라

05

젊은 시절의 짝을
버리지 말라

잠언 2:16~22

지혜가 또 너를 음녀에게서, 말로 호리는 이방 계집에게서 구원하리니 그는 젊은 시절의 짝을 버리며 그의 하나님의 언약을 잊어버린 자라 그의 집은 사망으로, 그의 길은 스올로 기울어졌나니 누구든지 그에게로 가는 자는 돌아오지 못하며 또 생명 길을 얻지 못하느니라 지혜가 너를 선한 자의 길로 행하게 하며 또 의인의 길을 지키게 하리니 대저 정직한 자는 땅에 거하며 완전한 자는 땅에 남아 있으리라 그러나 악인은 땅에서 끊어지겠고 간사한 자는 땅에서 뽑히리라

06

명철을
의지하지 말라

잠언 3:1~6

내 아들아 나의 법을 잊어버리지 말고 네 마음으로 나의 명령을 지키라 그리하면 그것이 네가 장수하여 많은 해를 누리게 하며 평강을 더하게 하리라 인자와 진리가 네게서 떠나지 말게 하고 그것을 네 목에 매며 네 마음판에 새기라 그리하면 네가 하나님과 사람 앞에서 은총과 귀중히 여김을 받으리라 너는 마음을 다하여 여호와를 신뢰하고 네 명철을 의지하지 말라 너는 범사에 그를 인정하라 그리하면 네 길을 지도하시리라

07

꾸지람을 싫어하지 말라

잠언 3:7~10

스스로 지혜롭게 여기지 말지어다 여호와를 경외하며 악을 떠날지어다 이것이 네 몸에 양약이 되어 네 골수를 윤택하게 하리라 네 재물과 네 소산물의 처음 익은 열매로 여호와를 공경하라 그리하면 네 창고가 가득히 차고 네 포도즙 틀에 새 포도즙이 넘치리라

잠언 3:11~12

내 아들아 여호와의 징계를 경히 여기지 말라 그 꾸지람을 싫어하지 말라 대저 여호와께서 그 사랑하시는 자를 징계하시기를 마치 아비가 그 기뻐하는 아들을 징계함 같이 하시느니라

08

금이나 은 대신
지혜와 명철을 구하라

잠언 3:13~17

지혜를 얻은 자와 명철을 얻은 자는 복이 있나니 이는 지혜를 얻는 것이 은을 얻는 것보다 낫고 그 이익이 정금보다 나음이니라 지혜는 진주보다 귀하니 네가 사모하는 모든 것으로도 이에 비교할 수 없도다 그의 오른손에는 장수가 있고 그의 왼손에는 부귀가 있나니 그 길은 즐거운 길이요 그의 지름길은 다 평강이니라

잠언 3:18~20

지혜는 그 얻은 자에게 생명 나무라 지혜를 가진 자는 복되도다 여호와께서는 지혜로 땅에 터를 놓으셨으며 명철로 하늘을 견고히 세우셨고 그의 지식으로 깊은 바다를 갈라지게 하셨으며 공중에서 이슬이 내리게 하셨느니라

09

완전한 지혜가
네게 단잠을 주리라

잠언 3:21~24

내 아들아 완전한 지혜와 근신을 지키고 이것들이 네 눈 앞에서 떠나지 말게 하라 그리하면 그것이 네 영혼의 생명이 되며 네 목에 장식이 되리니 네가 네 길을 평안히 행하겠고 네 발이 거치지 아니하겠으며 네가 누울 때에 두려워하지 아니하겠고 네가 누운즉 네 잠이 달리로다

10

두려워 할 자를
두려워하라

잠언 3:25~35

너는 갑작스러운 두려움도 악인에게 닥치는 멸망도 두려워하지 말라 대저 여호와는 네가 의지할 이시니라 네 발을 지켜 걸리지 않게 하시리라 네 손이 선을 베풀 힘이 있거든 마땅히 받을 자에게 베풀기를 아끼지 말며 네게 있거든 이웃에게 이르기를 갔다가 다시 오라 내일 주겠노라 하지 말며 네 이웃이 네 곁에서 평안히 살거든 그를 해하려고 꾀하지 말며 사람이 네게 악을 행하지 아니하였거든 까닭 없이 더불어 다투지 말며 포학한 자를 부러워하지 말며 그의 어떤 행위도 따르지 말라 대저 패역한 자는 여호와께서 미워하시나 정직한 자에게는 그의 교통하심이 있으며 악인의 집에는 여호와의 저주가 있거니와 의인의 집에는 복이 있느니라 진실로 그는 거만한 자를 비웃으시며 겸손한 자에게 은혜를 베푸시나니 지혜로운 자는 영광을 기업으로 받거니와 미련한 자의 영달함은 수치가 되느니라

11

나도 내 아버지에게
아들이었다

잠언 4:1~5

아들들아 아비의 훈계를 들으며 명철을 얻기에 주의하라 내가 선한 도리를 너희에게 전하노니 내 법을 떠나지 말라 나도 내 아버지에게 아들이었으며 내 어머니 보기에 유약한 외아들이었노라 아버지가 내게 가르쳐 이르기를 내 말을 네 마음에 두라 내 명령을 지키라 그리하면 살리라 지혜를 얻으며 명철을 얻으라 내 입의 말을 잊지 말며 어기지 말라

12

지혜가 네게
면류관을 주리라

잠언 4:6~9

지혜를 버리지 말라 그가 너를 보호하리라 그를 사랑하라 그가 너를 지키리라 지혜가 제일이니 지혜를 얻으라 네가 얻은 모든 것을 가지고 명철을 얻을지니라 그를 높이라 그리하면 그가 너를 높이 들리라 만일 그를 품으면 그가 너를 영화롭게 하리라 그가 아름다운 관을 네 머리에 두겠고 영화로운 면류관을 네게 주리라 하셨느니라

13

정직한 길로 행하라

잠언 4:10~19

내 아들아 들으라 내 말을 받으라 그리하면 네 생명의 해가 길리라 내가 지혜로운 길을 네게 가르쳤으며 정직한 길로 너를 인도하였은즉 다닐 때에 네 걸음이 곤고하지 아니하겠고 달려갈 때에 실족하지 아니하리라 훈계를 굳게 잡아 놓치지 말고 지키라 이것이 네 생명이니라 사악한 자의 길에 들어가지 말며 악인의 길로 다니지 말지어다 그의 길을 피하고 지나가지 말며 돌이켜 떠나갈지어다 그들은 악을 행하지 못하면 자지 못하며 사람을 넘어뜨리지 못하면 잠이 오지 아니하며 불의의 떡을 먹으며 강포의 술을 마심이니라 의인의 길은 돋는 햇살 같아서 크게 빛나 한낮의 광명에 이르거니와 악인의 길은 어둠 같아서 그가 걸려 넘어져도 그것이 무엇인지 깨닫지 못하느니라

14

무엇보다도
네 마음을 지키라

잠언 4:20~23

내 아들아 내 말에 주의하며 내가 말하는 것에 네 귀를 기울이라 그것을 네 눈에서 떠나게 하지 말며 네 마음 속에 지키라 그것은 얻는 자에게 생명이 되며 그의 온 육체의 건강이 됨이니라 모든 지킬 만한 것 중에 더욱 네 마음을 지키라 생명의 근원이 이에서 남이니라

잠언 4:24~27

구부러진 말을 네 입에서 버리며 비뚤어진 말을 네 입술에서 멀리 하라 네 눈은 바로 보며 네 눈꺼풀은 네 앞을 곧게 살펴 네 발이 행할 길을 평탄하게 하며 네 모든 길을 든든히 하라 좌로나 우로나 치우치지 말고 네 발을 악에서 떠나게 하라

15

네가 젊어서 취한 아내를
즐거워하라

잠언 5:1~23

내 아들아 내 지혜에 주의하며 내 명철에 네 귀를 기울여서 근신을 지키며 네 입술로 지식을 지키도록 하라 대저 음녀의 입술은 꿀을 떨어뜨리며 그의 입은 기름보다 미끄러우나 나중은 쑥 같이 쓰고 두 날 가진 칼 같이 날카로우며 그의 발은 사지로 내려가며 그의 걸음은 스올로 나아가나니 그는 생명의 평탄한 길을 찾지 못하며 자기 길이 든든하지 못하여도 그것을 깨닫지 못하느니라 그런즉 아들들아 나에게 들으며 내 입의 말을 버리지 말고 네 길을 그에게서 멀리 하라 그의 집 문에도 가까이 가지 말라 두렵건대 네 존영이 남에게 잃어버리게 되며 네 수한이 잔인한 자에게 빼앗기게 될까 하노라 두렵건대 타인이 네 재물로 충족하게 되며 네 수고한 것이 외인의 집에 있게 될까 하노라 두렵건대 마지막에 이르러 네 몸, 네 육체가 쇠약할 때에 네가 한탄하여 말하기를 내가 어찌하여 훈계를 싫어하며 내 마음이 꾸지람을 가벼이 여기고 내 선생의 목소리를 청종하지 아니하며 나를 가르치는 이에게 귀를 기울이지 아니하였던고 많은 무리들이 모인 중에서 큰 악에 빠지게 되었노라 하게 될까 염려하노라 너는 네 우물에서 물을 마시며 네 샘에서 흐르는 물을 마시라 어찌하여 네 샘물을 집 밖으로 넘치게 하며 네 도랑물을 거리로 흘러가게 하겠느냐 그 물이 네게만 있게 하고 타인과 더불어 그것을 나누지 말라 네 샘으로 복되게 하라 네가 젊어서 취한 아내를 즐거워하라 그는 사랑스러운 암사슴 같고 아름다운 암노루 같으니 너는 그의 품을 항상 족하게 여기며 그의 사랑을 항상 연모하라 내 아들아 어찌하여 음녀를 연모하겠으며 어찌하여 이방 계집의 가슴을 안겠느냐 대저 사람의 길은 여호와의 눈 앞에 있나니 그가 그 사람의 모든 길을 평탄하게 하시느니라 악인은 자기의 악에 걸리며 그 죄의 줄에 매이나니 그는 훈계를 받지 아니함으로 말미암아 죽겠고 심히 미련함으로 말미암아 혼미하게 되느니라

16

담보나 보증 서기를 조심하라

잠언 6:1~5

내 아들아 네가 만일 이웃을 위하여 담보하며 타인을 위하여 보증하였으면 네 입의 말로 네가 얽혔으며 네 입의 말로 인하여 잡히게 되었느니라 내 아들아 네가 네 이웃의 손에 빠졌은즉 이같이 하라 너는 곧 가서 겸손히 네 이웃에게 간구하여 스스로 구원하되 네 눈을 잠들게 하지 말며 눈꺼풀을 감기게 하지 말고 노루가 사냥꾼의 손에서 벗어나는 것 같이, 새가 그물 치는 자의 손에서 벗어나는 것 같이 스스로 구원하라

17

여호와께서 미워하시는 것은 피하라

잠언 6:12~19

불량하고 악한 자는 구부러진 말을 하고 다니며 눈짓을 하며 발로 뜻을 보이며 손가락질을 하며 그의 마음에 패역을 품으며 항상 악을 꾀하여 다툼을 일으키는 자라 그러므로 그의 재앙이 갑자기 내려 당장에 멸망하여 살릴 길이 없으리라 여호와께서 미워하시는 것 곧 그의 마음에 싫어하시는 것이 예닐곱 가지이니 곧 교만한 눈과 거짓된 혀와 무죄한 자의 피를 흘리는 손과 악한 계교를 꾀하는 마음과 빨리 악으로 달려가는 발과 거짓을 말하는 망령된 증인과 및 형제 사이를 이간하는 자이니라

18

이방 여인의 아름다움을
탐하지 말라

잠언 6:20~35

내 아들아 네 아비의 명령을 지키며 네 어미의 법을 떠나지 말고 그것을 항상 네 마음에 새기며 네 목에 매라 그것이 네가 다닐 때에 너를 인도하며 네가 잘 때에 너를 보호하며 네가 깰 때에 너와 더불어 말하리니 대저 명령은 등불이요 법은 빛이요 훈계의 책망은 곧 생명의 길이라 이것이 너를 지켜 악한 여인에게, 이방 여인의 혀로 호리는 말에 빠지지 않게 하리라 네 마음에 그의 아름다움을 탐하지 말며 그 눈꺼풀에 홀리지 말라 음녀로 말미암아 사람이 한 조각 떡만 남게 됨이며 음란한 여인은 귀한 생명을 사냥함이니라 사람이 불을 품에 품고서야 어찌 그의 옷이 타지 아니하겠으며 사람이 숯불을 밟고서야 어찌 그의 발이 데지 아니하겠느냐 남의 아내와 통간하는 자도 이와 같을 것이라 그를 만지는 자마다 벌을 면하지 못하리라 도둑이 만일 주릴 때에 배를 채우려고 도둑질하면 사람이 그를 멸시하지는 아니하려니와 들키면 칠 배를 갚아야 하리니 심지어 자기 집에 있는 것을 다 내주게 되리라 여인과 간음하는 자는 무지한 자라 이것을 행하는 자는 자기의 영혼을 망하게 하며 상함과 능욕을 받고 부끄러움을 씻을 수 없게 되나니 남편이 투기로 분노하여 원수 갚는 날에 용서하지 아니하고 어떤 보상도 받지 아니하며 많은 선물을 줄지라도 듣지 아니하리라

19

음녀의 유혹을
피하라

잠언 7:6~23

내가 내 집 들창으로, 살창으로 내다 보다가 어리석은 자 중에, 젊은이 가운데에 한 지혜 없는 자를 보았노라 그가 거리를 지나 음녀의 골목 모퉁이로 가까이 하여 그의 집쪽으로 가는데 저물 때, 황혼 때, 깊은 밤 흑암 중이라 그 때에 기생의 옷을 입은 간교한 여인이 그를 맞으니 이 여인은 떠들며 완악하며 그의 발이 집에 머물지 아니하여 어떤 때에는 거리, 어떤 때에는 광장 또 모퉁이마다 서서 사람을 기다리는 자라 그 여인이 그를 붙잡고 그에게 입맞추며 부끄러움을 모르는 얼굴로 그에게 말하되 내가 화목제를 드려 서원한 것을 오늘 갚았노라 이러므로 내가 너를 맞으려고 나와 네 얼굴을 찾다가 너를 만났도다 내 침상에는 요와 애굽의 무늬 있는 이불을 폈고 몰약과 침향과 계피를 뿌렸노라 오라 우리가 아침까지 흡족하게 서로 사랑하며 사랑함으로 희락하자 남편은 집을 떠나 먼 길을 갔는데 은 주머니를 가졌은즉 보름 날에나 집에 돌아오리라 하여 여러 가지 고운 말로 유혹하며 입술의 호리는 말로 꾀므로 젊은이가 곧 그를 따랐으니 소가 도수장으로 가는 것 같고 미련한 자가 벌을 받으려고 쇠사슬에 매이러 가는 것과 같도다 필경은 화살이 그 간을 뚫게 되리라 새가 빨리 그물로 들어가되 그의 생명을 잃어버릴 줄을 알지 못함과 같으니라

음녀의 길은
음부로 통한다

잠언 7:24~27

이제 아들들아 내 말을 듣고 내 입의 말에 주의하라 네 마음이 음녀의 길로 치우치지 말며 그 길에 미혹되지 말지어다 대저 그가 많은 사람을 상하여 엎드러지게 하였나니 그에게 죽은 자가 허다하니라 그의 집은 스올의 길이라 사망의 방으로 내려가느니라

솔로몬 왕이 아들에게 주는 잠언

르무엘 왕의 어머니가
아들에게 주는 잠언

PART 14

내 아들아,
내가 무엇을 말하랴

01

현숙한 아내는
진주보다 값지다

잠언 31:1~31

르무엘 왕이 말씀한 바 곧 그의 어머니가 그를 훈계한 잠언이라 내 아들아 내가 무엇을 말하랴 내 태에서 난 아들아 내가 무엇을 말하랴 서원대로 얻은 아들아 내가 무엇을 말하랴 네 힘을 여자들에게 쓰지 말며 왕들을 멸망시키는 일을 행하지 말지어다 르무엘아 포도주를 마시는 것이 왕들에게 마땅하지 아니하고 왕들에게 마땅하지 아니하며 독주를 찾는 것이 주권자들에게 마땅하지 않도다 술을 마시다가 법을 잊어버리고 모든 곤고한 자들의 송사를 굽게 할까 두려우니라 독주는 죽게 된 자에게, 포도주는 마음에 근심하는 자에게 줄지어다 그는 마시고 자기의 빈궁한 것을 잊어버리겠고 다시 자기의 고통을 기억하지 아니하리라 너는 말 못하는 자와 모든 고독한 자의 송사를 위하여 입을 열지니라 너는 입을 열어 공의로 재판하여 곤고한 자와 궁핍한 자를 신원할지니라 누가 현숙한 여인을 찾아 얻겠느냐 그의 값은 진주보다 더 하니라 그런 자의 남편의 마음은 그를 믿나니 산업이 핍절하지 아니하겠으며 그런 자는 살아 있는 동안에 그의 남편에게 선을 행하고 악을 행하지 아니하느니라 그는 양털과 삼을 구하여 부지런히 손으로 일하며 상인의 배와 같아서 먼 데서 양식을 가져 오며 밤이 새기 전에 일어나서 자기 집안 사람들에게 음식을 나누어 주며 여종들에게 일을 정하여 맡기며 밭을 살펴 보고 사며 자기의 손으로 번 것을 가지고 포도원을 일구며 힘 있게 허리를 묶으며 자기의 팔을 강하게 하며 자기의 장사가 잘 되는 줄을 깨닫고 밤에 등불을 끄지 아니하며 손으로 솜뭉치를 들고 손가락으로 가락을 잡으며 그는 곤고한 자에게 손을 펴며 궁핍한 자를 위하여 손을 내밀며 자기 집 사람들은 다 홍색 옷을 입었으므로 눈이 와도 그는 자기 집 사람들을 위하여 염려하지 아니하며 그는 자기를 위하여 아름다운 이불을 지으며 세마포와 자색 옷을 입으며 그의 남편은 그 땅의 장로들과 함께 성문에 앉으며 사람들의 인정을 받으며 그는 베로 옷을 지어 팔며 띠를 만들어 상인들에게 맡기며 능력과 존귀로 옷을 삼고 후일을 웃으며 입을 열어 지혜를 베풀며 그의 혀로 인애의 법을 말하며 자기의 집안 일을 보살피고 게을리 얻은 양식을 먹지 아니하나니 그의 자식들은 일어나 감사하며 그의 남편은 칭찬하기를 덕행 있는 여자가 많으나 그대는 모든 여자보다 뛰어나다 하느니라

고운 것도 거짓되고 아름다운 것도 헛되나 오직 여호와를 경외하는 여자는 칭찬을 받을 것이라 그 손의 열매가 그에게로 돌아갈 것이요 그 행한 일로 말미암아 성문에서 칭찬을 받으리라

너는 하나님의 말씀에
더하지 말라

PART 15

야굴의
기도

01

가난하게도 부하게도
마옵소서

잠언 30:1~33

이 말씀은 야게의 아들 아굴의 잠언이니 그가 이디엘 곧 이디엘과 우갈에게 이른 것이니라 나는 다른 사람에게 비하면 짐승이라 내게는 사람의 총명이 있지 아니하니라 나는 지혜를 배우지 못하였고 또 거룩하신 자를 아는 지식이 없거니와 하늘에 올라갔다가 내려온 자가 누구인지, 바람을 그 장중에 모은 자가 누구인지, 물을 옷에 싼 자가 누구인지, 땅의 모든 끝을 정한 자가 누구인지, 그의 이름이 무엇인지, 그의 아들의 이름이 무엇인지 너는 아느냐 하나님의 말씀은 다 순전하며 하나님은 그를 의지하는 자의 방패시니라 너는 그의 말씀에 더하지 말라 그가 너를 책망하시겠고 너는 거짓말하는 자가 될까 두려우니라 내가 두 가지 일을 주께 구하였사오니 내가 죽기 전에 내게 거절하지 마시옵소서 곧 헛된 것과 거짓말을 내게서 멀리 하옵시며 나를 가난하게도 마옵시고 부하게도 마옵시고 오직 필요한 양식으로 나를 먹이시옵소서 혹 내가 배불러서 하나님을 모른다 여호와가 누구냐 할까 하오며 혹 내가 가난하여 도둑질하고 내 하나님의 이름을 욕되게 할까 두려워함이니이다 너는 종을 그의 상전에게 비방하지 말라 그가 너를 저주하겠고 너는 죄책을 당할까 두려우니라 아비를 저주하며 어미를 축복하지 아니하는 무리가 있느니라 스스로 깨끗한 자로 여기면서도 자기의 더러운 것을 씻지 아니하는 무리가 있느니라 눈이 심히 높으며 눈꺼풀이 높이 들린 무리가 있느니라 앞니는 장검 같고 어금니는 군도 같아서 가난한 자를 땅에서 삼키며 궁핍한 자를 사람 중에서 삼키는 무리가 있느니라 거머리에게는 두 딸이 있어 다오 다오 하느니라 족한 줄을 알지 못하여 족하다 하지 아니하는 것 서넛이 있나니 곧 스올과 아이 배지 못하는 태와 물로 채울 수 없는 땅과 족하다 하지 아니하는 불이니라 아비를 조롱하며 어미 순종하기를 싫어하는 자의 눈은 골짜기의 까마귀에게 쪼이고 독수리 새끼에게 먹히리라 내가 심히 기이히 여기고도 깨닫지 못하는 것 서넛이 있나니 곧 공중에 날아다니는 독수리의 자취와 반석 위로 기어 다니는 뱀의 자취와 바다로 지나다니는 배의 자취와 남자가 여자와 함께 한 자취며 음녀의 자취도 그러하니라 그가 먹고 그의 입을 씻음 같이 말하기를 내가 악을 행하지 아니하였다 하느니라 세상을 진동시키며 세상이 견딜 수 없게 하는 것 서넛이 있나니 곧 종이 임금된 것과 미련한 자가 음식으로 배부른 것과 미움 받는 여자가 시집 간 것과 여종이 주모를 이은 것이니라 땅에 작고도 가장 지혜로운 것 넷이 있나니 곧 힘이 없는 종류로되 먹을 것을 여름에 준비하는 개미와 약한 종류로되 집을 바위 사이에 짓는 사반과 임금이 없으되 다 떼를 지어 나아가는 메뚜기와 손에 잡힐 만하여도 왕궁에 있는 도마뱀이니라 잘 걸으며 위풍 있게 다니는 것 서넛이 있나니 곧 짐승 중에 가장 강하여 아무 짐승 앞에서도 물러가지 아니하는 사자와 사냥개와 숫염소와 및 당할 수 없는 왕이니라 만일 네가 미련하여 스스로 높은 체하였거나 혹 악한 일을 도모하였거든 네 손으로 입을 막으라 대저 젖을 저으면 엉긴 젖이 되고 코를 비틀면 피가 나는 것 같이 노를 격동하면 다툼이 남이니라